赤ちゃんもママもぐっすり眠れる
魔法の時間割

生活リズムひとつで、
寝かしつけのいらない子どもになる！

清水瑠衣子 Ruiko Shimizu

青春出版社

はじめに
赤ちゃんのための魔法のような時間割が、南アフリカにありました！

私は南アフリカで息子を出産しました。日本に帰国する度《たび》に家族や友人が、また日本から遊びに来てくれた友人たちが、みんな同じことを言って驚きました。

「どうやって育てたら、こんな子に育つの⁉」

というのも、息子はいつも機嫌が良く、寝かしつけが全く必要のない子どもだったからです。

それは魔の2歳児と言われる時期になっても変わりませんでした。

その秘密は、南アフリカの子育て法にあったのです。

南アフリカでは、産前のマタニティクラスと同様に産後も通う専門のクリニックが存在し、そこでミッドワイフが子育てのいろはを多岐にわたり指導、ケアしてくれる文化があります。ミッドワイフというのは、イメージとしては、日本で言うところの助産師や保健師といった存在でしょうか。生後1週間から赤ちゃんの様子を診てくれて、生後3週間から生活リズムの整え方を教えてくれます。

ここで実際に教えてもらった育児法が日本のそれとは全く異なる考え方で、初めは正直驚きました。

しかし、教わった通りに**その生活リズム（時間割）を実践すれば**、赤ちゃんが元来持っている欲求に沿っているので、

- **生後3カ月から夜中の授乳は必要なくなる**
- **夜も1人で朝まで眠るようになる**
- **赤ちゃんが欲しているものがわかるようになるから、むやみに泣かなくなる**
- **だいたい時間割通りになるので、ママたちが集まる約束も予定が立てやすい**
- **そして、いつでも機嫌がよく、ハッピーな赤ちゃんに育ってくれるのです**

確かに息子は生後3カ月で夜中の授乳はほとんど必要なくなりました。あの衝撃は

今でも忘れることができません。これは息子の個性でしょうか？　いいえ、そうではないのです。こんな夢のような子育てが、南アフリカでは当たり前だったのです。

日本からたくさんの「赤ちゃん本」を持っていきましたが、その中の寝かしつけや夜中の授乳については、だいたい同じようなアドバイスがありました。

「赤ちゃんは夜中に何度も起きて当たり前」

「その子が自分のペースを見つけるようになるまで待ちましょう」

そして「そのうち楽になる」と書いてあるその言葉を信じて、いつ終わるかもわからない夜の寝かしつけの旅は続いていくのです。

1歳を過ぎても、幼稚園へ通うようになっても1人で眠れなかったり、夜中に目を覚ます子を持つ親御さんも多いのではないでしょうか。

「子育てをしていれば仕方ない」、「ママならこのくらい耐えるのは当たり前。だってママなんだから」と片づけられがちな寝かしつけや授乳についての問題が、南アフリカの育児法で見事にクリアになっていったのです。

日本との最大の違いは「ママ自身がハッピーであること」に主眼が置かれている点、そして「小さな赤ちゃんでもきちんと説明して教えてあげれば必ずわかる」と考えられている点でしょう。

〝ハッピーなママ〟が育てる子どもは〝ハッピーな子ども〟に育つというのが基本の考え方です。

日本では子どもが最優先、ママは我慢するのが当たり前だとミッドワイフに話すと彼女は言いました。

「それならあなたが日本で教えてあげればいいじゃない！」

そこで私の学んだこの子育て法を少しでも多くのみなさんにお伝えすることができたら、と思うようになりました。私自身、この方法でかなり精神的にゆとりを持って子育ての良いスタートを切れたなあという感覚があります。それに、息子に会った人々の反応がよかったことも素直に嬉《うれ》しく、やはりこの育児法を待っている人もたくさんいるのではないかと考えるようになりました。

ママならば誰でも気になるのが夜の睡眠です。だって、ダイレクトに自分にも返ってくることですから。働いているママならなおのこと、迫り来る仕事復帰のタイミングとそれ以降の自分の睡眠時間とのバランスも気になるでしょう。大人も子どもも、睡眠が足りないとだんだん心に余裕がなくなってくるものです。赤ちゃんだって同じです。

毎夜が自分の時間になったら、あなたは何をしたいですか？

日本ではまだあまり知られていない育児法ですが、この夜の自分時間の素晴らしさ、そして、1人で寝つき、いつも機嫌が良い赤ちゃんとの生活は、赤ちゃんだけではなくママのストレスも少なくしてくれることを、ぜひみなさんにもお伝えしたいと思っています。

赤ちゃんの生活リズムに興味がある方や、多くのママが抱える夜の寝かしつけのお悩み解消のお手伝いができたら嬉しいです。

CONTENTS

もくじ

赤ちゃんもママも
ぐっすり眠れる
魔法の時間割

CONTENTS

第2章 生活リズムを作るときに大切なこと …… 41

連続して眠るためにはコツがある

CONTENTS

CONTENTS

第5章

よくある心配事、起こりやすいことについてお答えします

CONTENTS

あとがきに代えて
私がこの本を書きたいと思ったいきさつ

カバー&本文イラスト　ARI
本文デザイン　浦郷和美
本文DTP　森の印刷屋
企画協力　企画のたまご屋さん

第1章

赤ちゃんもママもぐっすり眠れる安眠レッスンとは

体本来のリズムを引き出すと、
こんなにラクになる！

生後3カ月で夜通し眠れる赤ちゃんの秘密

この生活スケジュールを実践した赤ちゃんは常に欲求が満たされ満足しているので、起きている間は機嫌《きげん》が良く、3カ月を過ぎる頃には夜通し眠れるようになります。

とは言え、この育児法の目的は夜に起きてしまった赤ちゃんを泣き止ませることにあるわけではなく、赤ちゃんの本来持っている自然な体のリズムに合った生活リズムを作ってあげることです。

その中で、「昼間起きて、夜に眠る」ということを学んだ赤ちゃんは、結果的に、夜中に起きる回数を極力減らして夜通し眠ることを覚えるようになるのです。もしも夜中に起きてしまったとしても、すぐにまた自分で眠りにつけるようになるはずです。

そうして日中の生活リズムをきちんと整えることで、精神的にも安定した、いつでも機嫌の良い赤ちゃんに育っていくのです。

赤ちゃんの生活リズムは自然には作れない

赤ちゃんが泣く＝おっぱいを欲しがっている、の落とし穴

生活スケジュールづくりを「赤ちゃん主導」で行いますか？「ママ主導」で行いますか？

一般的には日本式＝赤ちゃん主導、ここで紹介する南アフリカ式＝ママ主導となります。どちらが良いとか悪いとかいう話ではなく、これも一つの文化と言いますか、あくまで一般論で例外はあるかもしれませんが、今のところはそういう形が主流になっていると言えると思います。

ここで大事なのは、生活スケジュールはやはり「赤ちゃんの体が本能的に求めるリズムに合っていなくてはいけない」ということです。

赤ちゃん主導の進め方はよく「ディマンド・フィード」と呼ばれたりもしますが、代表的なものは赤ちゃんが欲しがるときに欲しがるだけおっぱいをあげましょうというものです。

その赤ちゃんが欲しがるサインとは「赤ちゃんが泣くこと」です。

しかし実際には赤ちゃんが泣いていればいつでもおっぱいを欲しがっているかというとそうではなく、泣いているからといっておっぱいをあげてしまうとあまりお腹が空《す》いていないときにもおっぱいを飲むことになります。そうすると本来お腹が空くであろう時間に、あまりお腹が空いていないためあまり飲まず、今度は次の授乳のタイミングを待たずに小腹が減った状態になります。結果として昼夜を問わず1時間おき、2時間おきに授乳をしなければいけなくなってしまうのです。

「そういうことは当たり前のことで、まとめておっぱいを飲めるかそうでないかは赤ちゃんの個性です。そのうち赤ちゃんは自然に自分なりの生活リズムを作れますからもう少し待ってあげてくださいね」というアドバイスをもらうと思いますが、それにはどれだけの長い時間がかかることになるのかは誰も教えてくれません。

「ママ主導」という言葉は、「ママが上手にリードして赤ちゃん自身で生活リズムを見つけるお手伝いをする」と言い換えてもいいかもしれません。

赤ちゃんの能力というのは本当にすごくて、大人が考えている以上に早いスピードでいろいろな事を関連づけて記憶していきます。赤ちゃんが泣いたら2時間おきでもおっぱいを欲しいだけ飲ませていれば、赤ちゃんはそういうものだと記憶していくのです。ですから、それが理由で夜中に何度も目を覚ます癖《くせ》がついてしまう赤ちゃんも多いのです。

泣く前にママが先回りできる

私がお薦《すす》めしているこの育児法を実践すると、今なぜ赤ちゃんが泣いているのか⁉がかなり初めの段階からわかるようになります。もっと正確に言うと、赤ちゃんが要求を示す＝泣くタイミングが事前にわかるので、いわゆるギャン泣きをするということ自体がそれほどないのです。

生まれて間もない赤ちゃんは、当然ですが言葉が話せません。嬉しいときには笑ってくれたりもしますが、逆に何かをしてほしいというときは何を伝えるにも「要求を示す＝泣く」ことになりますよね。

何カ月か経《た》ってみれば、なんとなく流れが決まってくるので、「あ、今はミルクかな?」「今度は眠いのかな?」という風に、日々一緒に過ごしているママはだいたいのリズムがつかめてくることも多いでしょうが、この「今、なんで泣いているの～⁉」はけっこう大きなストレスです。特に新米ママならなおのことです。

日中から始まる1日のリズムが整っていると、「疲れてきた」「遊びたい」「おむつを替えてほしい」などの「お腹が空いた」以外の赤ちゃんの欲求が自然とわかるようになります。「あ、そろそろお腹が空く頃だな～？」と思っていると実際に赤ちゃんが小さくもぞもぞと動き始めますし、「あ、そろそろ眠くなってくる時間だな？」と思うと眠いサイン（第3章をご参照ください）が出てきます。

そうです、この生活リズムを実践していると、赤ちゃんがなぜ泣いているのか？がわかるし、大きく泣く前に次に赤ちゃんが欲していることがわかるので大泣きするということ自体がそれほどありません。泣いて知らせる前にほんの少しママが先回りして対応できるので、赤ちゃんは泣く必要がないのです。

〝赤ちゃんは泣くのが仕事〟という言葉があるくらいですから嘘《うそ》みたいに聞こえるかもしれませんが、私も実際に試してみて、これには驚きました。どんな色や形のおもちゃが好き、どういう音楽が好き、という好みはあっても、乱暴な言い方をしてしまえば本能的にはこの時期の赤ちゃんにはそれほど〝夜泣き〟という個性はないのかもしれない、そう思えてしまうほどです。

いつでも機嫌が良いと、ママのストレスも激減します

私の話をすると、息子はいつも機嫌が良く、ぐずることがないのでそれだけでもありがたかったのですが、これは息子に限った話ではなく、南アフリカではこの生活スケジュールを実践している多くの赤ちゃんに当てはまりました。ですから、ママ達で集まる約束をするときにもとても役に立ちます。

「この時期はこの時間にお昼寝するから……お昼寝が終わる○時に集合しましょう」という具合に約束が簡単にできます。

そしてその時間に集まった赤ちゃん達はみんなご機嫌なので、どんどん外に出かけたくなる良い循環《じゅんかん》ができあがります。

今、娘も同じようにこの生活スケジュールを実践していますが、やはり周りのママから「○○ちゃんの泣き声を全然聞いたことがないけれど、泣くことはあるの？」とよく聞かれます（笑）。この生活スケジュールは本来赤ちゃんが持っている本能的な要求にかなり近い形のリズムになっているからでしょう。

レッスンを受けてくださったC・Tさんの1歳の息子さんは、このスケジュールを実践した時、自己主張もできる月齢で苦労していたのですが、「3日目に変化が出て、その後1週間でぐずらなくなり、本当にびっくりしました」と言ってくださいました。Cさん自身にも余裕が生まれ、日中の息子さんとの時間をより楽しめるようになったそうです。

赤ちゃんの体に合った生活リズムを、赤ちゃんが何の手伝いもなしに自力で見つける期間よりももう少し短い期間でママと一緒に作っていくことで、普段から機嫌の良い赤ちゃんに育っていくのです。そしてこれは、歯が生えてくるイライラを感じる時期や、「魔の2歳児」と呼ばれる時期にとても活躍します。

生活リズムができていると、「魔の2歳児」時期も怖くない！

生活リズムが整い、普段から機嫌の良い赤ちゃんは、トラブルが多いと呼ばれる時期にも比較的穏やかに過ごすことができます。「自分をコントロールする」ことを知っているので、そこまで荒れることはないと言われています。

「魔の2歳児」「魔の3歳児」と言われる時期に、その差を感じることができるはずです。

2歳くらいになると自己主張が出てきたり、それなのに言語能力が追いつかないでうまく意思疎通《そつう》ができなかったり、そこに疲れが加わったりして、機嫌が悪くなることも当然あります。

それすらない子どもなんて、この世にいるでしょうか？

そんな時に、この「自分をコントロールする」ことを知っているかどうかで差が出てくるのです。生活スケジュールを作りながら1人で眠ることを覚えていく中で、その能力を自然に身に付けていくことができます。

小さな赤ちゃんを抱くことや一緒に寝ることは、ママにとっても癒されるときでもありますから、「こんなに小さい赤ちゃんに生活リズムを作ってあげなくてもいいんじゃない？」と思うかもしれません。でも、生後間もないこの時期に1人で眠る習慣を作ってあげることは2、3歳の頃にもっとずっと役に立つのです。

息子の場合も例外ではなく、何を言っても嫌だと言ったり納得しなかったり、そうかと言って自分の主張もまだうまく言えないということが何度かありました。

そんな時、「じゃあ落ち着くまで○○（息子の名前）の場所にいってらっしゃい。落ち着いたらママに教えて？」そう声をかけるようにしていました。すると息子はしばらく自分の部屋に行き、じっとしゃがんでいました。きっと、彼なりに考えていたのでしょう（別に自分の部屋でなくてもいいと思います。リビングの一角にパズルマットを敷いてそこを専用スペースにすることもできます）。私はその間なるべくそちらは見ないようにします。しばらくすると、息子の方から「落ち着いたよー」とちゃんと言いにきてくれるのです。そして、「さっきはどうしてああなってしまったのか」「本当はどうすればよかったのか」と落ち着いてからなら、きちんと対話することができるのです。

仮に言葉が足りなくてうまくは説明できなくても、それこそこちらが思いを汲《く》み取って「こういうこと？」と確認しながら進めていくと、やっぱり本人もちゃんとわかっているのです。

2、3歳の子どもでもこういうことはできるのです。ミッドワイフの言っていた、「生後間もない今、1人で眠る習慣を作ってあげることは、2、3歳の頃にもっとずっと役に立つのよ」という意味が真にわかった瞬間でした。

Y・Aさんのもうすぐ2歳になる娘さんにも嬉しい変化がありました。とにかくママっ子でべったりだった娘さん。習い事の時に泣いてしまうことも多かったようですが、このスケジュールで生活リズムが整い始めると、周りのママから「最近、○○ちゃん変わったね。何したの？」と言われるようになったそうです。Yさんも最近の娘さんは、説明すれば納得してくれるし、穏やかに過ごせるようになったと言ってくださいました。

要するに、「魔の2歳児」は必ずしも〝魔〟である必要はないのです。親の許容できる範囲、「ちょっとワガママが増えた2歳児」レベルに収めることが重要だとされていて、小さい頃から生活リズムを整えるということは、この時期の下準備でもあるのです。

〝おっぱい〟や〝抱っこ〟を寝かしつけの道具にしない

夜中に起きたらおっぱい…が習慣になっていませんか？

「本当にそんな風になるの？」とか「南アフリカがそんなにすごいの⁉　日本と何が違うの⁉」とお思いの方もいらっしゃることでしょう。正直に言うと、私もその一人でした。

私が息子を出産してからのことについて、重複する部分もありますが少しお話しさせてください。

南アフリカでは、産前のマタニティクラスと同じクリニックで産後も多岐にわたり指導、ケアしてくれる文化がありますが、出産前にはそのようなクリニックがあることを知らなかった私は、日本からたくさんの赤ちゃん本を持っていきました。

そこには、「赤ちゃんは夜中に何度も起きて当たり前」「泣いて起きるたびにおっぱいをあげましょう（その方が母乳の出もよくなります）」というようなことが書いてあり、もはやそれは多くの日本人にとっての常識のようなものでもあったので、私も例外ではなく「夜中に赤ちゃんが起きたら、何も考えることなくすぐに授乳」していました。

そのようにして過ごしていた生後3カ月のクリニック訪問の日のことです。

授乳ノート（どのようなペースで授乳しているか自分で記入し、毎月のクリニック訪問の際に見せるもの）を見たミッドワイフに「どうしてまだ夜中に授乳しているの？」と聞かれました。当時の息子はまだ0時付近か3時付近に1回起きていたので、私は日中の過ごし方は彼女に教わったスケジュールを守りつつも、夜中のこのタイミングでは授乳していました。

私は（だって夜中に起きたらおっぱいあげるものでしょ？）と思いながら、

「息子がまだ夜中に起きるからおっぱいをあげたの。それに実際によく飲むよ？」

と答えると、こう言うのです。

「それはあなたがおっぱいをあげるから飲むのよ！　○○（息子の名前）は十分大きくなっているから、もう夜中のおっぱいは必要ないのよ」

続けて彼女が言いました。

「いいから、今夜からは○○が夜中に起きてもおっぱいをあげないで様子を見てみなさい。あなたがそういう癖を作ってしまったから、たぶん夜中に起きるけれど、その時も抱っこするだけでおっぱいはあげないこと。必ず寝るから、試してみなさいね！」

そのときの私の気持ちはまだ「ふ～ん、そういうものなのかな？　まぁ、やれって言うならやってみるけど、絶対おっぱいいると思うけどな～」でした（笑）。

そしてその日の夜、やっぱりいつもの時間になると息子は起きました。でもいつもと違うのは、私が言われた通りにおっぱいをあげずに抱っこで過ごしてみたこと。そしたら……なんとそのまま息子は寝るではないですか!!!　しかも、5分とかからないうちに、です。この夜のことは今でも鮮明に覚えています。やっぱり彼女の言うタイミングは本当に赤ちゃんにぴったり合っているんだなあと実感した夜でした。

そしてこの日から、**夜の授乳が必要なくなった息子は自然と夜中に起きる回数が減っていき、夜通し眠るようになっていった**のです。

それでも毎晩、寝るまで抱っこしますか?

さらに、その日の私はこんなことも言われました。

私は寝かしつけについて、もちろんいずれは1人で寝てもらいたいなと思ってはいたものの、現地で働いているわけでもないし、赤ちゃんもまだまだ軽いので、「別に〝今〟夜通し寝てくれなくてもいい、私の抱っこが好きならそれでこちらも癒されるから、それでいいんじゃないか」とさえ思っていました。

なぜなら、日本から持っていったたくさんの赤ちゃん本には「そのうち自分で眠るようになる」とそう書いてあったからです。当時の私はそれを信じて疑わず、しかもそれはそう遠くない将来に起こるものだと思っていました(今ではそれは思い違いで、この「そのうち」というのは私の想像よりもずっと長いものになる可能性が高かったのだとわかりますが、とにかく当時はそう思っていたのです）。そしてその旨《むね》を伝えました。

あの時のミッドワイフの衝撃に満ちた顔も忘れられません。

「いい？　あなたね、今はいいのよ、今は！　ちょっと想像してみて？　今は軽くてかわいいその子も、10カ月になり、1歳になればどんどん重くなるのよ？　10kgだって超えるのよ？　そのうち立てるようになって、ベビーベッドの柵《さく》を持って立てたり、柵を越えられるようにもなるのよ？　そうなったらあなた、どうするの？　それでも毎日、毎晩、抱っこするの？　その子が寝るまでずっと？　2歳になっても3歳になってもその習慣は続くかもしれないわよ。これをするかしないかで、その頃に差が出るの。**今は面倒に感じるかもしれないけど、それだけの価値があるのよ**」

私も驚きました。そうやって具体的に言われて、実際に想像してみて、「そうだよな、その通りだよな」と納得しました。今ではあの時説得してもらえて本当によかったなと、心底思っています。

占い師のように赤ちゃんの行動を読んだミッドワイフ

そして次の4カ月のアポイントの時です。実はその1週間前くらいから、息子が再び夜中に起きるようになっていたので、私はそれについて質問しようと決めていました。するとクリニックでレッスンに入るとすぐに、「ねえ、○○が夜中に起きるようになったんじゃない？」とそう聞かれたのです。

「そうそう！　それについて今日聞こうと思ってたのよ！　どうしてそれがわかったの？」

もうそんな感じでした。

彼女が言うには、実は4カ月の直前に再び夜中に起きるようになったらそれは新たなサインで、離乳食を始める目安になるというのです（詳しくは第3章96ページをご参照ください）。

まるで占い師のように、自分の悩みを先読みして当てられた私は驚くほかありませんでしたが、同時にこの育児法に対する信頼がますます強くなっていきました。

ママにも優しい育児法で、幸せな赤ちゃんが育つ

子育てに対する考え方は国によって違うと思います。文化が違うので、それも当然のことですよね。それぞれの「当たり前」が違うので、はじめは特に気づかなかった詳細な点も、息子の子育てを通して徐々に理解していき、ミッドワイフのおかげで、その都度《つど》、軌道修正をしていくことができました。

南アフリカでは「子育ては母親だけでするものではなく、なるべくいろいろな人の手を借りてするもの、そうすることで子どもも様々な人に触れ、それが自立できる環境を作ってあげることになる」という風に考えられています。

たとえば、生後2カ月からのベビープレイグループと呼ばれる、音楽に合わせた運動やおもちゃを使った遊びをすることでいろいろな能力を刺激し、伸ばしていこうと

いうサークルがあったり、ジムのなかに保育ルームが常設されていて、生後2カ月から有資格者の保育士に預けることが可能です。また、南アフリカの多くのジムには施設内にカフェも併設《へいせつ》されてるので、特に運動はしないけれど、少しだけ自分の時間を持ちたいというママも利用することができるシステムになっています。月齢が低い赤ちゃんにはきちんと一対一で保育士が対応してくれるのも安心ですね。

それから、現地では専業主婦でも、赤ちゃんが1歳になったらプリスクール（幼稚園のようなもの）に通うことは珍しいことではありません。もっと身近な例では、カフェやレストランに子連れで出かけると、店員さんが私たちの見える範囲で赤ちゃんを抱っこしたり遊びながら面倒を見てくれるということがよくあります。その間に大人もゆっくり食事を楽しむことができるのです。

別に子育てを人任せにしているわけではないのです。大変なことは助けてもらう、自分の時間も大切にする。これをママも、社会も自然と受け入れています。日本とはずいぶん違いますね。

日本のやり方と南アフリカのやり方、どちらが正しくてどちらが優れているかということが言いたいわけではありません。

私自身がラッキーだったなと思うのは、そういう日本とは全然違う子育て法を知ることができたことです。日本で出産・育児をしていれば、私もいわゆる日本式のやり方で子育てしていたと思います。でも、たまたま別のやり方も知ることができたおかげで子育て観の幅が一気に広がりました。

南アフリカの子育て法の自由さと選択肢の多さは素直にいいなと思いますし、常に陽気で明るい彼女たちからはたくさんのことを学んだ気がします。こういう良いところはどんどん取り入れて、少しでも楽しい育児にしていきたいなと思いました。そして、ママにも優しいこの子育て法が、寝かしつけに悩む多くのママの選択肢の1つになればと思います。

第2章

生活リズムを作るときに大切なこと

連続して眠るためにはコツがある

昼間の過ごし方で、夜の寝かしつけの成否が決まる

赤ちゃんが夜通し眠るようになるには日中の過ごし方がとても大切なので、ここから赤ちゃんの体が本能的に求めるリズムに合わせた生活が送れるようにママがお手伝いをしていきます。うまく誘導してあげる、といったところでしょうか。

「スケジュールを調整する」と言ってもそんなに難しいことではありませんので、ご安心ください。なぜなら、この生活スケジュールは赤ちゃんの自然な欲求に沿っているため、この時期の赤ちゃんは自然にそうなるような過ごし方をしてくれるからです。赤ちゃんの体内時計は大したものだなあとこちらが思うほどです。

生後3週間くらいから、日中の過ごし方を調整し始めます。

これから日中の生活リズムを整えていきます。もちろんこれも、ただ単に3週間

経ったからということではなく、目安にする条件があります（詳しくは第3章60ページをご参照ください）。

夜の寝かしつけがうまくいっていない場合は、昼間の過ごし方をまず見直してみてください。夜の寝かしつけと言っても、やはり1日のスケジュール感覚というのは大切で、夜にまとまった睡眠を取るためには昼間の過ごし方にもちょっとしたコツが必要なのです。

それは「お昼寝の取り方」です。赤ちゃんは疲れすぎても、昼間に眠りすぎても、夜にうまく眠ることができません（赤ちゃんのお昼寝は30分～1時間程度）。お昼寝の取り方にも〝月齢ごとに体に合ったタイミング〟があります。

次章から詳しく説明しているので、ぜひそちらをご覧ください。

0時までに何時間連続して眠れるか、が大事

赤ちゃんは生まれてすぐの頃は本当によく寝ます。それに小さな赤ちゃんの時期はほんの一瞬で、あっという間に大きくなってしまいます。ですから、できるだけ一緒に過ごしたいなあとか、パパがお風呂に一緒に入れるうちは一緒に入れてあげたいなあと思いますよね。

でも、実はここに大きな落とし穴があるのです。

「どうせ最初の頃は1～2時間もすれば起きて授乳することになるし、それなら17時に寝ても22時に寝ても同じことだよね」と思いがちですが、そうではないのです。

赤ちゃんに「0時までに〝連続して眠る習慣〟をどれだけつけてあげられるか」が大事なポイントです。

赤ちゃんは不思議なもので、まずは0時までにまとめて眠れるようになります。例えば、18時半に寝れば5・5時間連続睡眠になりますし、19時に寝れば5時間連続睡眠になります。これが22時に寝るとすると、たった2時間しか連続して寝ないことになります。この早い時期に「自分でまとめて眠る」ことを覚えられると、次第に0時を越えても2時まで、4時までと順に朝まで眠る習慣が作りやすくなるのです。この「0時までに」というのが大事なキーワードになります。

本書のスケジュールを見て、「えっ、夜の7時に寝かせるの!?」と思われるかもしれませんが、こんな見方もあります。

19時に寝る赤ちゃんのママと22時に寝る赤ちゃんのママとでは、1日3時間の夜の自分時間の差ができます。計算すると、1日3時間の差は1週間で21時間に、1カ月で93時間に、1年では1095時間もの差となります。これは1年間の差が約45日分に相当します。同じ1年間子育てをする間に19時に赤ちゃんが寝るママの方が45日分も多く時間が作れる計算になりました。

そして忘れてはいけないのが、この差はそのまま「子どもの睡眠時間の差」とも言えるということです。そう考えるとなかなか侮れない数字ではないでしょうか。早寝ができる赤ちゃんは、自然と早起きもできるようになります。この早寝早起きの習慣こそが夜通し眠る赤ちゃんを育てることになるのです。

赤ちゃんを育てる「早寝早起き」の習慣

日本では22時すぎまで起きている子どもがとても多く、世界的にみてもかなりの子ども夜更かし大国だと言われています。

でも、どんなママでも夜更かしさせたくてしているわけではないはずです。よくないこととはわかっているけれど、じゃあ、どうすればいいか？ わからないのです。

赤ちゃんは「あ〜もうこんな時間か、そろそろ寝なくちゃ」とは思いませんし、「いや〜最近寝不足だから調子悪くって」なんてことも言えません（言ってくれたらなんて楽なんだろうとは思いますが）。

「夜更かしがよくない」「早寝早起きが大事」と言うと、「そんなことわかってる。それができないから苦労しているのだ」と思われるかもしれません。でも大丈夫。この本で紹介する月齢ごとの〝生活スケジュール〟に沿って一度やってみてください。驚くほど簡単に体のリズムが整い、早く寝る習慣づけができることを実感できるでしょう。

早く寝る習慣づけができれば結果として早起きもできます。早寝の子どもは寝起きも良く、朝起きたときからパワー全開です。大事な用事は朝に済ませるという習慣もつきやすくなります。

世界の国々でも実践されていることですし、私にもできたのです、絶対にみなさんもできるはずです。

私は息子が小さい頃からこの生活スケジュールを実践していたので、息子は毎日19時には寝てくれました。その後の時間はママ役を少しお休みして、自分の時間になるのです。おかげで息子がほんの小さな頃から夜が来るのが楽しみで仕方なかったのですが、「夕方のそんな早い時間にいろいろできるわけがないじゃない！　無理むり〜」と思っている方もいらっしゃるかもしれません。そういう方はちょっと想像してみてください。

夕方の忙しい時間帯といってもたったの2時間くらいです。確かにそこは大変です。ですが、そこをやり過ごせばそのあとには長い長い大人の夜時間が待っているのです！　それにやることは決まっています。スタートがいつもより少し早い時間帯だということだけなんですね。どのみち、もっと遅い時間にもっともっと長い時間子どもに付き合って寝るんだか寝ないんだかわからない〝先の見えない時間〟を過ごすことを思えば、本書で紹介している夕方の過ごし方は試す価値ありです！

19時に寝る赤ちゃんのママと、22時に寝る赤ちゃんのママとでは、やらなければならない家事の量（パパや大人の食事の準備、その片づけなど）やお風呂の時間は同じとして、単純に3時間の差がそこにはできます。しかも赤ちゃんは19時に寝てくれるので、そのあとの時間はいわゆる大人のゴールデンタイムです。

赤ちゃんにはたくさん寝てもらって健康な心と体を、ママも夜の自分時間を満喫して健全な心を育み、一緒に楽しい育児ライフを送っていきましょう。

夜中の授乳の習慣は実はママが作っている

第1章で述べたように、実は、夜中の授乳の習慣はママが作っていることが多いのです。

くり返しになりますが、順調に成長している健康な赤ちゃんは、生後3カ月を過ぎた頃から夜中の授乳はほとんど必要なくなります。詳しい生活スケジュールは次章で説明していますが、これも「ママがおっぱいをあげるから」赤ちゃんはおっぱいを飲むのです。

赤ちゃんが本当にお腹を空かせてミルクを必要としているのであれば、これは無視してはいけません。お腹が空いている赤ちゃんを無視したり、無理やり生活スケジュールに当てはめたりするようなことは決してしてはいけないことですが、「おっぱいをあげると泣きやんで寝てくれるから」便利だからとつい、おっぱいに頼っていませんか？　まず「赤ちゃんが泣いたらおっぱいをあげる」のではなく、「赤ちゃんが本当にお腹を空かせているのかを判断すること」を、ぜひしてほしいと思います。

赤ちゃんはただ寝言を言っているだけだったり、何もせずに放っておけばまた寝てくれる、もしくは抱っこをすればおっぱいをあげなくても寝てくれることになるでしょう。


まだ小さい赤ちゃんに何かを教えることは意味のないことや面倒なことに感じるかもしれません。抱いても軽いし可愛いですから、「今は」気にならないのです。でも今は軽くて可愛いその赤ちゃんも10カ月になって、1歳になればどんどん大きく重くなります。その時もママが毎日、毎晩、傍《そば》にいたり抱いたりすることになってしまいます。

夜中に何度も目を覚まし、その度にミルクを飲んだり抱っこしてもらう赤ちゃんは、一見満ち足りているように見えるかもしれませんが、夜通し眠る赤ちゃんと比べたら当然寝不足が気になってくるでしょう。昼間の機嫌もそれによって変わることになります。また、ママも同じく寝不足や精神的なストレスを感じるようになってくると思います。その頃に働いていたら、なおさらです。そしてその習慣は、2歳になっても3歳になっても続くかもしれないのです。

習慣を変えるには、時間と努力と忍耐が必要です。でも、その後にあなたが手にする効果は初めに感じる大変さをそれ以上の価値あるものにしてくれます。

ベッドに置くと起きてしまう！というときは…

本書の中には「そのままベッドに置く」ということがよく出てきます。

そのままベッドに置く。その一見、簡単そうなことがなかなかできない。抱っこしているときは寝ているのに、ベッドに置くと起きて泣いてしまう……という方も多いでしょう。

せっかく寝たのに～！　と、また一からやり直しのような気持ちになってしまいますよね。

私はこのようにしていました。

まず、抱く時から睡眠アイテムを赤ちゃんに持たせるように形づくってあげます。

赤ちゃんを抱っこしてウトウトしたら（頭や体がママ側にぴとーっとくっつく）、そのままベッドに置きます。その時、睡眠アイテムが手から離れていたら直してあげます。赤ちゃんは多少モゾモゾするかもしれませんが、眠ろうとするでしょう。そして、背中や腕あたりをトントンしながら様子を見ます。

眠れないようなら、トントンしながら「大丈夫だよ～。ママはここにいるからね～」と声をかけてあげてください。それでも眠れず泣いてしまったら、1～2分様子を見て（再び自分で眠ろうとしているのか、もうダメ！と泣いているのか確認しましょう）、抱っこします。この時、「○○ちゃんはここでゆっくり寝るんだよ～。寝て元気になったら、またたくさん遊ぼうね～」と声をかけてあげましょう。

少し落ち着いてまたウトウトしてきたら、もう一度そっとベッドに置きます。

この繰り返しですが、一度目に1～2分様子を見たら、次は3～4分、その次は5～6分と抱くまでの時間を長くしてみましょう。

本書の使い方と注意点

- 本書は、月齢ごとに生活リズムのつくり方をまとめていますが、「生後○ヵ月だから今月はこれ」ということではなく、赤ちゃんの成長に合わせてステップをふんで進めてください。
- 書かれている日々の生活スケジュールの「時間を意識」してほしいのですが、あくまで目安なので、日本の電車のように「○時ぴったり」を気にしすぎないようにしてください。
- 本書はママが「時間を意識」することで、ちょうどそのくらいに赤ちゃんから発せられるサインをより読み取りやすくなるように手助けするものです。
- 食事については私が南アフリカで指導を受けたものをご紹介している

ので、ふだんの日本の離乳食とは違和感を感じるかもしれません。離乳食が4カ月から出てきますが、子どもが成長して次の段階に進むサインが見えたら、という意味で早めに紹介しています。第3章では、次に進む条件を書いてありますので、無理なくお子さんの様子を見ながら、順をおって進めてください。

また、最近はアレルギーっ子も多いので、新しい食材を試す場合は慎重に。食事内容は、あくまで私が学んだこと、子どもに食べさせたりしたものを書きましたので、たとえばパンがよく出てきますが、これをこの時期に絶対に食べさせないといけない、というものではありません。ひとつの例として、こういう進め方もあるんだなぁと読んでいただけると嬉しいです。

ご家庭の考え方や産院、地域の保健師さんなどのアドバイスと合わせて、赤ちゃんにもママにも無理なくお進めいただければ幸いです。

第3章

生後15カ月までの魔法の時間割

月齢ごとに合った生活リズムを作りましょう

赤ちゃんの睡眠パターンを知っておこう

赤ちゃんを出産後、もしくは退院後に自宅に帰ってすぐの頃の赤ちゃんは、まだ昼も夜もなくよく起きています（実際には寝たり起きたりを繰り返すことになります）。

この時期には赤ちゃんをあなたの胸元に近づけて抱いてあげて、赤ちゃんにとって心地よい環境を作ってあげてください。あなたもママになったのだと実感しながら幸せな気持ちになることでしょう。初めの数日間は、赤ちゃんがあなたの胸元に抱かれると、とても幸せそうに眠ることがわかります。

その先はこのスリープレッスンに沿って、少しずつ赤ちゃんに快適な眠りを教えてあげましょう。赤ちゃんの心地よい生活リズムを一緒に作っていくことは、他でもない、いつも一番傍にいるママであるあなたにできる最大のサポートなのです。

誕生から生後1カ月までの間は、赤ちゃんは夜中に3回ほど目を覚ましミルクを欲

赤ちゃんの夜の授乳パターン

誕生–1カ月	(就寝前) 18－19時	21時　0時 3時 ＝3回授乳	(明け方) 5－6時
1カ月–2カ月	18－19時	0時 3－4時 ＝2回授乳	5－6時
2カ月–3カ月	18－19時	1－2時 ＝1回授乳	5－6時
3カ月–4カ月	18－19時	夜通し眠ることを学ぶ	5－6時

※表は、授乳時間（回数）を示しています

しがります。昼間の過ごし方を整えていくことで、これが生後1カ月から2カ月の間に2回へ、2カ月から3カ月の間に1回へと減らすことができます。そして、信じられないかもしれませんが、3カ月から4カ月の間には夜中の授乳は必要がなくなるのです。夜中の授乳が必要なくなれば、赤ちゃんにとっては夜中に目を覚ます必要もなくなるということになりますから、夜通し眠ることができるようになっていきます。

これまで「子育て中だから仕方ない」「ママは我慢して当たり前」と片づけてしまわれがちだった、寝かしつけ、夜中の授乳に関する疑問を抜本的に解決するための「具体的な生活リズムの作り方」を本章ではご紹介していきます。

3週目の生活リズム

夜中の授乳は3回。4～7週目のタイミングで夜中の授乳が2回に

この時期の赤ちゃんは2時間半～3時間毎の睡眠をとります。体重増加も順調で、1度でも夜中に4時間程まとめて眠ることができるようになったら3週目のスケジュールに入りましょう。

母乳の場合

★片方のおっぱいを10分～15分飲ませたら、もう片方のおっぱいを飲ませましょう。

★片方ずつの授乳の合間におしゃぶりを試しましょう。やり方は、赤ちゃんの口の上をおしゃぶりで触るだけです。無理やり口に含ませたりしないでください。初めは興味を示さないかもしれませんが、だんだん赤ちゃんの方から吸い付くようになってくるまで続けましょう。これが後の睡眠アイテムとなります。鼻呼吸ができるようになるだけでなく、あごの筋肉を鍛えたり、消化も助けると言われています。

時間割

時刻	授乳	過ごし方
5:00	赤ちゃんが目を覚ましたら授乳	
6:00		寝る 5:00〜6:00
7:00		
8:00	起こして授乳	遊ぶ 7:30〜8:30
9:00		お昼寝 8:30〜10:00
10:00	起こして授乳	
11:00		お昼寝 11:00〜12:30
12:00		
13:00	授乳（哺乳瓶）	
14:00		お昼寝 13:30〜15:00
15:00	起こして授乳	
16:00		お昼寝 16:00〜17:30
17:00		
18:00	起こして授乳	お風呂 18:00〜
19:00	お休み前の授乳	就寝 18:30〜19:00
20:00		

※この時期のお昼寝は、この中で 30 分〜1時間くらい眠れば OK。本格的にお昼寝を意識するのは2カ月〜です。まずは授乳時間を意識しましょう。

3週目の生活リズム

5～6時

明け方、赤ちゃんが目を覚ましたら授乳しましょう。お腹が満たされた赤ちゃんはまた眠りにつくでしょう。

7時半

この時間までに赤ちゃんを起こして授乳しましょう。赤ちゃんを起こす場合は、部屋を明るくしたり、服やおむつを替えるなどして**赤ちゃんが自分から目を覚ますように**にしてあげてください。この時間がこれから先の「朝食の時間」になります。ここから1時間ほどは一緒に遊ぶなどして赤ちゃんを起こしておきましょう。それから、赤ちゃんをお昼寝させてあげてください。

10時

・赤ちゃんが**どれだけの時間お昼寝したかにかかわらず**、この時間までに起こして授乳しましょう。その後1時間ほどは赤ちゃんを起こしておき、それからお昼寝させましょう。

12時半

・母乳育児を続けるママも、**1日のうち1度だけ哺《ほ》乳《にゅう》瓶《びん》**であげることをお薦めします。そしてそれを始めるのはこの時期からがいいでしょう。この時期ならおっぱいの飲み方も理解して乳首混同のおそれが少なくなり、これより後になると哺乳瓶を嫌がる可能性が高くなるからです。

・まずは、100㎖搾乳しておいた母乳や乳児用ミルクを哺乳瓶で授乳し、足りない分を直接おっぱいからあげるようにします。おっぱいがたくさん出る方は100㎖以上の量を搾乳しておいても差し支えありません。飲む直前にお湯で温めて（レトルト食品を温めるようにと言えばイメージしやすいでしょうか）、飲ませてください。1度温めた母乳は、たとえ余ってもそのまま捨ててください。

ランチの時間に母乳を哺乳瓶で与えることには、いろいろなメリットがあります。

1つは、ママ以外の誰かが授乳できるようになることです。休日にはパパが授乳することもできますし、おばあちゃんが授乳することもできます。それでも中身は母乳なので、母乳育児をしたい方にも安心です。

また、ランチの時間にみんなで出かけることも気楽になるでしょう。お店でお湯をもらってもいいですし、水筒を持参してもいいですね。授乳室があるかどうかということや、授乳ケープを使って授乳する際の周りの目を気にすることなく、赤ちゃんも一緒にランチを楽しむことができます。

そして一番のいいところは、まだまだ授乳回数の多いこの時期に、たった1回でもママからの授乳を減らすことができるということです。ランチに出かけることをしなくても、パパや代わりの人に授乳をお願いすることでその間にママは休息を取ることができます。このたった1回がどれだけありがたいか、多くのママに共感してもらえることと思います。

・その後1時間ほど赤ちゃんを起こしておいて、それからお昼寝させましょう。

15時

・どれだけ眠ったかにかかわらず、この時間までに起こして授乳しましょう。その後1時間ほどは赤ちゃんを起こしておき、それからお昼寝させましょう。

17時半

・どれだけ眠ったかにかかわらず、この時間までに起こして授乳しましょう。この時間がこれから先の「夕食の時間」となっていきます。

18時

「夕食→お風呂→就寝」これをセットで考えるようにしてください。夕食後に落ち着いたら（お風呂の準備をしているとちょうどいい時間になります）お風呂に入れます。そこからは明るい部屋にはもう行かないで、明かりを落とした寝室に向かうようにしましょう。そうすることで赤ちゃんも「眠る準備」に入ります。眠る前の授乳はそのまま寝室で行いましょう。

18時半〜19時

お風呂の後、明かりを落とした寝室でお休み前の授乳をします。赤ちゃんがウトウトしてきたら、**そのままそっとベッドに置いてあげましょう**。

夜中の授乳

誕生〜1カ月は**21時、0時、3時**の3回の授乳ですが、1カ月〜2カ月には**0時、3〜4時**の2回になります。この生活スケジュールに沿って昼間の生活リズムが整え

られれば、自然とそうなってくるので驚かれるかもしれません。もしも夜中にこれ以上の頻度《ひんど》で起きてしまう場合は、まずはお昼寝のし方を見直してみてください。

いちばん多いパターンは「赤ちゃんが自然に起きるまで寝かせてしまうこと」です。

授乳時間を起点として「授乳―遊び―お昼寝」をひとつのサイクルとしたときに、赤ちゃんがどれだけ眠ったかに関係なく、授乳時間になったらサイクルをリセットすることがポイントです。多くの場合は、ここを見直すだけでずいぶん状況が改善されます。

レッスンを受けてくださったみなさんがまず驚かれる点でもあります。

この時期に知っておきたいこと

時間を意識する

赤ちゃんが夜通しぐっすり眠るようになるためには昼間の過ごし方が重要です。この生活スケジュールに沿ってリズムを作ってあげると、赤ちゃんの体内時計ができあがってきます。もちろん1分1秒単位で気にする必要はありませんが、ママは必ず時計をよく見て「時間を意識する」ようにしてください。

スケジュール通りにいかない！　ときは

もしもスケジュールの時間より前に泣いても、すぐに授乳するのではなくその時間までは抱いたりあやしたりして過ごしましょう。その方がお腹も減って結果的によく飲めることになります。

多くの場合、赤ちゃんが1～2分でも泣くことにママが耐えられず、それほどお腹が空いていなくても先に授乳してしまいます。でも実際には、抱いたりあやしたりしているうちに赤ちゃんもそれほど機嫌を損ねずに時間まで過ごせるので、ぜひ試してみてください。

◎体内時計を整える

「赤ちゃんの体内時計をきちんと整えてあげること」が、この先の夜の寝かしつけや赤ちゃんが夜通し眠ることを助けます。この時期から取り組むことができれば、赤ちゃんもママもスムーズなスタートを切ることになるでしょう。

2カ月の生活リズム

お昼寝のリズムを教えていきましょう

生後3週間あたりから生活リズムの調整が始まります。そして本格的にお昼寝の時間を意識するのは2カ月頃からです。この頃には、生後3週間から始めた生活リズムに赤ちゃんも慣れてきて、落ち着いてくると思います。そうしたら、お昼寝のリズムを少しずつ教えてあげましょう。夜ぐっすり眠るためには「昼間の過ごし方」がとても大事なんですよ。

★お昼寝を始める時間は、授乳を始めた時間から数えて約1時間～1時間半後。

★お昼寝の時間(眠る時間)は約30分～1時間。

★この時期は、授乳と授乳の間にお昼寝が必要です。

時間割

5:00
6:00
7:00
8:00
9:00
10:00
11:00
12:00
13:00
14:00
15:00
16:00
17:00
18:00
19:00
20:00

起きたら授乳

寝る
5:00〜6:00

起こして授乳（自分から目を覚ますように促す）

お昼寝（1回目）
8:30

起こして授乳

お昼寝（2回目）
11:00

起こして授乳（哺乳瓶）

お昼寝（3回目）
13:30

起こして授乳

お昼寝（最後）
16:00

起こして授乳

お風呂
18:00

お休み前の授乳

就寝
18:30

2カ月の生活リズム

5〜6時

・明け方、赤ちゃんが目を覚ましたら授乳しましょう。お腹が満たされた赤ちゃんはまた眠りにつくでしょう。

7時半

・この時間までに赤ちゃんを起こして授乳しましょう。赤ちゃんを起こす場合は、部屋を明るくしたり、服やおむつを替えるなどして、**赤ちゃんが自分から目を覚ますように**してあげてください。

8時半

・1回目のお昼寝です。眠そうに見えなくてもだんだん疲れてくる頃なので、寝かせてあげましょう。この時、完全に眠るまで抱いたりせずに、そのままそっとベッドに置いてあげてください。家にいる時はできるだけ夜眠る時と同じところで、カーテンを閉め暗くした部屋で寝かせてあげましょう。

この時間は目安なので、「少し眠いだけでまだ寝られない」場合は9時まで待ってみましょう。その間は体を動かして遊ぶなどしてあげてください。そうやって**本人が疲れるのを待って、1人で寝かせましょう**。抱いていても、ウトウトしてきたらそっとベッドに置いてください。最後に眠るその瞬間が1人になるようにリズムを作ってあげれば、赤ちゃんはそれが一番眠りやすいと感じるようになるはずです。

また、この時期に1人で眠ることを覚えていると歯が生えてくる時期など問題が出てくる頃（8カ月頃）が全然違ってきます。

赤ちゃんの眠いサイン

①目をこする、②目の下が赤くなる、③にゃーというような声を出す　など。

このサインを見逃して疲れすぎると泣き叫んで大変です。そうなってしまったら1時間〜2時間はかかると覚悟した方がいいでしょう。そうならないためにも、赤ちゃんのサインをよく見てくださいね。

10時

- 赤ちゃんが**どれだけの時間お昼寝したかにかかわらず**、この時間までに起こして授乳しましょう。
- 先ほどのお昼寝時間にほとんど眠れなかった場合にも、かわいそうだからと長く寝かすことはやめましょう。この時期は授乳と授乳の間にお昼寝がありますが、眠れなかった場合は次のお昼寝の時間にきちんと眠るはずですから心配しないでください。長すぎるお昼寝は夜の睡眠時間を乱してしまうので気をつけましょう。大切なのは、今きちんとした生活リズムを整えることです。
- ここから1時間ほどは遊ぶなどして赤ちゃんを起こしておきましょう。

11時

- 2回目のお昼寝です。8時半の時と同じように、お昼寝させましょう。
- 眠れなかった時は12時まで待っても大丈夫です。

12時半

- この時間までに赤ちゃんを起こして授乳しましょう。
- 母乳育児の場合でも、1日のうちのこの時間だけ哺乳瓶であげましょう。100㎖の搾乳した母乳を哺乳瓶で与え、足りない分を直接おっぱいからあげるようにします。
- その後1時間ほどは赤ちゃんを起こしておいてください。

13時半

- 3回目のお昼寝です。午前中にうまく眠れなかった赤ちゃんはここでぐっすり眠るでしょう。それでも1時間半以上は寝かせないようにしてください。

15時

・この時間までに赤ちゃんを起こして授乳しましょう。

・その後1時間ほどは一緒に遊ぶなどして赤ちゃんを起こしておいてください。

16時

・最後のお昼寝です。ここでうまく眠れなかった場合は、17時まで待ちましょう。ただし、17時を過ぎたときのお昼寝は15分～30分で起こしてください。ここで寝すぎると夜に眠れなくなります。起こし方はいつもと同じです。部屋を明るくする、服を替える、おむつを替えるなどして、赤ちゃんが自分から目を覚ますようにしてください。

17時半

・どれだけ眠ったかにかかわらず、この時間までに赤ちゃんを起こして授乳しましょう。

18時

「夕食→お風呂→就寝」のセットです。夕食後に落ち着いたらお風呂に入れます。その後には明るい部屋には行かず、明かりを落とした寝室に向かうようにしましょう。眠る前の授乳はそのまま寝室で行ってください。

18時半

お風呂の後で、明かりを落とした寝室でお休み前の授乳をします。赤ちゃんがウトウトしてきたら、そのままそっとベッドに置いてあげましょう。

夜中の授乳

1カ月～2カ月の2回の授乳（0時、3～4時）から、2カ月～3カ月には夜中の授乳は1～2時の1回になります。

★夜中にそれ以上の頻度で起きてしまう場合は、昼間の過ごし方を見直してみましょう。
―お昼寝は長すぎないか？
―17時以降に長いお昼寝をしていないか？

★昼間の過ごし方に心当たりがないのに眠れない場合は、まだ赤ちゃんが1人で眠ることに慣れていないのかもしれません。まずは授乳の目安時間まではおっぱいを与えずに抱いたりあやしたりして様子を見てみましょう。それでもダメなら、ほんの少しの量だけおっぱいやミルクをあげてください。ただし、ここでいつも泣いたらすぐにミルクを与えていると赤ちゃんはそれを〝新しい習慣〟として覚えてしまうので気をつけましょう。

この時期に知っておきたいこと

予防接種

・この時期から予防接種が始まります。予防接種の後、赤ちゃんの落ち着きがなくなるのはよくあることで、2~3日の間は赤ちゃんが体を痛がったり発熱することがあります。

・また注射した周りの筋肉が硬くなって痛がる時があるので、授乳の際に痛がるようならポジションを変えてあげましょう。

運動

・昼間の遊ぶ時間やおむつ替えのタイミングでうつぶせにしてあげましょう。頭を持ち上げる練習になりますし、赤ちゃんの視界が変わるので赤ちゃんの周りで何が起こっているかを観察する良い機会になります。

刺激

この時期の赤ちゃんは、いろいろなものに触れたり優しい音を聴かせたり、においを嗅がせたり新しいものを見せてあげたり様々な感覚を刺激してあげましょう。

例）赤ちゃんモビール、庭を散歩する、いつもと違う部屋で遊ぶなど。

まだ首がすわっていなくても、サポートしながらこういう遊びもしていました。おうちにある洗濯カゴを使って遊びます（なければ類似のものでOK）。背もたれになるところにクッションやおくるみなどを置いて赤ちゃんを座らせ、赤ちゃんがバランスを取りやすいようにお気に入りのぬいぐるみやおもちゃ、クッションをお腹のあたりに置きます。赤ちゃんと向かい合うようにして、取っ手（なければ、かごの縁）を持ち、音楽に合わせて引っ張りながら動かします。部屋の中を丸く回ったり、ジグザグに進んだり、赤ちゃんの顔を見ながら一緒に笑いながら楽しんでください。

2カ月半〜3カ月で感情爆発

この頃の赤ちゃんは感情が爆発することもあります。突然ものすごく怒り出したり、おっぱいや哺乳瓶を飲まなくなったりしても、昼間の過ごし方でリズムができてくれれば、おさまるのにそれほど時間はかからないでしょうから、一つの成長の証だなと思ってあげてくださいね。

2カ月の赤ちゃんの発達

☆目の焦点を合わせることができ、物を目で追うことができるようになる

☆うつ伏せ寝できる（骨盤が下がる）

☆物音に反応するようになる

☆声や笑顔に反応するようになる

3カ月の生活リズム

そろそろ夜通し眠れるようになります

順調に体重が増え、ミルクの飲み方も上手になってきた赤ちゃんには、この時期になったら夜通し眠ることができるよう促しましょう。また、昼間にまとめて起きていられる時間が少しずつ増えてきます。

★お昼寝を始める時間は、授乳を始めた時間から数えて約1時間~1時間半後。
★お昼寝の時間（眠る時間）は約30分~1時間。
★この時期は、授乳と授乳の間にお昼寝が必要です。

時間割

時刻	内容	睡眠
5:00	目を覚ましたら授乳	
6:00		寝る 5:00〜6:00
7:00		
8:00	朝ごはん　起こして授乳	
9:00		お昼寝(1回目) 9:00〜9:30
10:00		
11:00	昼ごはん	
12:00	起こして授乳（哺乳瓶）	
13:00		お昼寝(2回目) 12:00〜12:30
14:00	おやつ　起こして授乳	
15:00		お昼寝(3回目) 15:00〜15:30
16:00		
17:00	夕ごはん　起こして授乳	
18:00	お休み前の授乳	お風呂 17:30〜18:00
19:00		
20:00		就寝 18:30

3カ月の生活リズム

5～6時

明け方、赤ちゃんが目を覚ましたら授乳しましょう。お腹が満たされた赤ちゃんはまた眠りにつくでしょう。

8時　朝ごはん

この時間までに赤ちゃんを起こして授乳しましょう。起こす場合は、部屋を明るくしたり服やおむつを替えるなどして**赤ちゃんが自分から目を覚ますように**してあげてください。

9時～9時半

1回目のお昼寝です。赤ちゃんが眠そうに見えなくても一度寝かせてみましょう。この時、完全に眠るまで抱いたりせずに、そのままそっとベッドに置いてあげてください。家にいる時はできるだけ夜眠る時と同じところで、カーテンを閉め暗くした部屋で寝かせてあげましょう。

この時間は目安なので、「少し眠いだけでまだ寝られない」場合は**1時間待って**みましょう。その間は**体を動かして遊ぶなどしてあげてください**。そうやって本人が疲れるのを待って、1人で寝かせましょう。抱いていても、ウトウトしてきたらそっとベッドに置いてください。最後に眠るその瞬間が1人になるようにリズムを作ってあげれば、赤ちゃんはそれが一番眠りやすいと感じるようになるはずです。

また、1人で眠ることを覚えていると〝自分をコントロールすること〟が身に付くので、8カ月頃（歯が生える頃）や魔の2歳児と呼ばれる時期が違ってきます。

・赤ちゃんの眠いサイン

①目をこする、②目の下が赤くなる、③にゃーというような声を出す、など。このサインを見逃して疲れすぎると泣き叫んで大変です。そうなってしまったら1時間〜2時間はかかると覚悟した方がいいでしょう。そうならないためにも、赤ちゃんのサインをよく見てくださいね。

11時 昼ごはん

・赤ちゃんがどれだけの時間お昼寝したかにかかわらず、この時間までに起こして授乳しましょう。

・先ほどのお昼寝でほとんど眠れなかった場合も、長く寝かすことはやめましょう。1回のお昼寝で30分〜1時間の睡眠が必要ですが、もしも足りなくても、次のお昼寝の時間にきちんと眠るはずですから心配しないでください。長すぎるお昼寝は夜の睡眠時間のリズムを乱してしまうので気をつけましょう。昼間の生活リズムを整えることが大切です。

- 1日のうちのこの時間だけ（1日1回）哺乳瓶であげましょう。まず搾乳した母乳やミルクを100㎖哺乳瓶で与え、足りない分を直接おっぱいからあげるようにします。
- ここから1時間～1時間半ほどは一緒に遊ぶなどして赤ちゃんを起こしておきましょう。

12時～12時半

- 2回目のお昼寝です。9時の時と同じようにお昼寝させましょう。
- 眠れないようであれば13時半まで待っても大丈夫です。その場合は体を動かすなどして遊んであげましょう。

14時 おやつ

- この時間までに赤ちゃんを起こして授乳しましょう。
- その後1時間ほどは一緒に遊ぶなど、赤ちゃんを起こしておいてください。

15時〜15時半

・3回目のお昼寝です。午前中にうまく眠れなかった赤ちゃんはここでぐっすり眠ることになるでしょう。それでも1時間半以上は寝かせないようにしてください。

17時 夕ごはん

・この時間までに赤ちゃんを起こして授乳しましょう。

・17時以降に寝てしまった場合は10〜15分で起こしてください。起こし方はいつもと同じで、服やおむつを替えるなどして赤ちゃんが自分から目を覚ますようにしてください。

17時半〜18時

・「夕食→お風呂→就寝」のセットです。夕食後に落ち着いたらお風呂に入れます。その後には明るい部屋には行かず、明かりを落とした寝室に向かうようにしましょう。眠る前の授乳はそのまま寝室で行ってください。

18時半

・お風呂の後で、明かりを落とした寝室でお休み前の授乳をします。赤ちゃんがウトウトしてきたら、**そのままそっとベッドに置いてあげましょう。**

夜中の授乳

順調に体重増加している赤ちゃんは、そろそろ夜の授乳は必要なくなります。これまでの習慣で夜中に起きてしまうことがあるかもしれませんが、そのまま眠れるように上手にリードしてあげましょう。

★0時頃に起きた場合、まずは様子を見てください。
★できれば泣いても1～2分は様子を見ましょう。
★その後、寝ないようなら背中をトントンしてあげてください。

★この時、睡眠アイテム（おしゃぶり、タグ付きタオルなど）も渡しましょう。

★それでも眠れないときには抱いてあげましょう。ただし、ここでも泣いたらすぐに抱いてあげるのではなく、2～3分様子を見てからにしてください。そしてこの時ミルクはあげないでください。

★ここまでやってもまだあまりに泣いている場合は、ミルクをあげましょう。ただし、ほんの少しの量だけにしてください。そうでなければ、赤ちゃんは泣いたらすぐにミルクをもらえる〝新しい習慣〟として覚えてしまうからです。

★とは言え、夜中の授乳が1～2時の1回であればそれほど心配する必要はないので、過度《かど》に焦《あせ》ったり不安になったりしないでください。赤ちゃんがだんだんと夜通し眠れるようにサポートしてあげましょう。

続けるコツ

赤ちゃんが夜中に起きてしまった場合、そのまま眠れるようにリードしてあげるのが望ましいのですが、中には眠るのが苦手な赤ちゃんや変化に敏感な赤ちゃんもいるでしょう。

抱いていれば、もしくは添い寝していればそのまま眠るであろう赤ちゃんを、1人で寝させようとすることでかえって何度も起きることになるような気がして面倒に感じることもあるかもしれません。

何度も言うようですが、ここでママが少しがんばって上手にリードすることで1人で眠ることを覚えた赤ちゃんは、〝自分をコントロールすること〟を覚え、歯が生えてくる時期や魔の2歳児と呼ばれる時期にかなり落ち着いた対応をしてくれます。今は面倒に感じるかもしれませんが、この時期に夜の睡眠を含めた生活リズムを作っておく価値は十分にあります。

ここで続けるためのコツをご紹介したいと思います。

それは「どれくらいまで自分も粘《ねば》るか、事前に決めておくこと」です。

生活スケジュールを実践していく中で、すんなり1人寝ができてしまう子、なかなかできない子、それぞれあると思います。同じ赤ちゃんでも日によって違うこともあるでしょう。

もしもスムーズにいかず、特に夜寝ですんなり眠ることができずに赤ちゃんが夜中に起きてしまった場合、どれくらいまでなら自分も一緒にがんばれるか、事前に決めておきましょう。一緒にがんばるというのは、具体的には以下のようなことです。


赤ちゃんが夜中に起きてしまってから、背中をトントンしたり様子を見たりしたけれどまだ眠れないという場合、抱いてあげましょう。ただし、赤ちゃんがウトウトしたらベッドに置いてください。そのまま眠れば問題ないのですが、再び起きてしまった時にはまた様子見です。さっき1~2分様子を見たのなら、今度は3~4分待ってみましょう。なるべくミルクを与える前に、赤ちゃんの様子をよく見てください。

夜中に赤ちゃんの泣き声が聞きたいというママはいないでしょうが、一度泣き声をよーく聞いてみてください。単に「ママを呼ぶために泣いている」のか、「本当にお腹が空いて泣いている」のか、慎重に見てあげれば必ずわかります。

そしてこの「抱く→赤ちゃんがウトウトする→ベッドに置く→再び起きる→様子を見る、トントンする→抱く→赤ちゃんがウトウトする→ベッドに置く→…」の繰り返しをどのくらいまでならがんばれるか、ママの方ではじめに決めておきましょう。

例えば「30分」、「1時間」という風に。夜中にその時間を超えたらギブアップ、今日はタイムオーバーです。その日は抱いて寝てもらいます（本来はウトウトしたら、ベッドにおろす。最後の眠る瞬間は1人で）。そのくらいの気持ちで大丈夫です。

その時間は日によって違ってもいいと思います。「明日は予定もあってしっかり寝たいな～」という日は30分、長くても1時間。反対に、「明日は何も予定がないしちょっと一緒にがんばってみようかな」という日はもう少し長めに2時間、など。そうして、その時間を超えてしまったら「今日はママの負けだー！　君も手強いね？

でも明日はまた一緒にがんばろうね」。

別に勝負ではないのですが、半ば2人でのゲームのような感覚で進めるほうがママの気分もラクなはずです。


反対に、「絶対に寝かさなきゃ！　明日もあるんだから！　私だって寝不足なの－！」と思ってしまうと、赤ちゃんにその気迫が伝わって、よけいに寝ない気がします。これはちょっと大げさな例えですが、そのくらいママの気持ちというのは赤ちゃんにダイレクトに伝わるものだと思ってください。

赤ちゃんにとっては1人で寝る習慣を覚える時期。これも初めての経験です。つまり、〝この時間は本来寝ていていい時間なんだ〟という感覚自体がまだ定着していないのです。でも大人が考えるよりもずっと早いスピードでいろいろなことを関連づけて吸収していくのもこの時期の赤ちゃんです。

先が見えないと「もう無理だ－。やめた！」となりがちですが、こうしてがんばっていくのも3日～1週間くらいです。ここで諦めて、これから先、何カ月も、何年も、

「ママと一緒じゃなきゃ寝られない〜」となることを思えば短いものです。そう、この時期はママのがんばり時でもあるのです。

「まだこの時間が寝る時間ってわからないのね〜。そうかそうか、大丈夫よ〜。寝て大丈夫〜」という大きな心で（当然セリフはなんでもいいです）、でも決めた〝今日のがんばりタイム〟を超えたらあっさり引き下がる。これが続けられるコツです。

大人（ママ）が休むためと大人目線のことを書いているようですが、このようにして1人寝を覚えた赤ちゃんはぐっすり眠ることができますから、情緒も安定し昼間もご機嫌に過ごすことができます。

3カ月の赤ちゃんの発達

- ☆座っている時に、頭を上げたまま少しの間維持できるようになる
- ☆うつ伏せ寝の状態で頭を持ち上げることができる
- ☆ときどき悲鳴のような声を出す
- ☆自然に笑うようになる
- ☆手を口に入れるようになる

4カ月の生活リズム

離乳食を考えてみましょう

生活リズムを順調に進めてきた赤ちゃんは、3カ月くらいから夜通し眠れるようになっていたと思います。しかし、最近になって急に夜中に目を覚ますようになってきてはいませんか？

そろそろ離乳食が欲しいという1つのサインかもしれません。

次の条件すべてに当てはまれば、離乳食を始めることもできます。その場合の生活リズムをご紹介します。4カ月から離乳食を始めてくださいという意味でありませんのでご注意ください。

離乳食を始めるサイン

★体重が生まれた時の約2倍になる。

★夜中に2回空腹で起きる（以前は1回か、起きなかった）。眠りが浅く、目を覚ましてもすぐに寝る場合は含みません。ミルクだけでは足りないくらい体が成長してきたようです。

★大人がごはんを食べている時、じっと見るようになる。

時間割

5:00 — 起きたら授乳

寝る
5:00〜6:00

6:00 —

7:00 —

8:00 — 起こして授乳

9:00 —

お昼寝（1回目）
9:00〜9:30

10:00 —

11:00 — 起こして授乳（哺乳瓶）

12:00 —

お昼寝（2回目）
12:00〜12:30

13:00 —

14:00 — 起こして授乳

15:00 —

お昼寝（3回目）
15:00〜15:30

16:00 — 夕ごはん（あげる場合は離乳食）

17:00 — 授乳

お風呂
17:30〜18:00

18:00 — お休み前の授乳

19:00 —

就寝
18:30

20:00 —

※条件にあてはまらない場合は３カ月の生活リズムを続けてください。

4カ月の生活リズム

5〜6時

明け方、赤ちゃんが目を覚ましたら授乳しましょう。お腹が満たされた赤ちゃんはまた眠りにつくでしょう。

8時 朝ごはん

この時間までに赤ちゃんを起こして授乳しましょう。赤ちゃんを起こす場合は、部屋を明るくしたり服やおむつを替えるなどして赤ちゃんが自分から目を覚ますようにしてあげてください。

9時〜9時半

1回目のお昼寝です。眠そうに見えなくても一度寝かせてみましょう。この時、赤ちゃんが完全に眠るまで抱いたりせずに、そのままそっとベッドに置いてあげてください。家にいる時はできるだけ夜眠る時と同じところで、カーテンを閉め暗くした部屋で寝かせてあげましょう。

ただしこの時間は目安なので、「少し眠いだけでまだ寝られない」場合は1時間待ってみましょう。その間は体を動かして遊ぶなどしてあげてください。そうやって本人が疲れるのを待って、1人で寝かせましょう。抱いていても、ウトウトしてきたらそっとベッドに置いてください。最後に眠るその瞬間が1人になるようにリズムを作ってあげれば、赤ちゃんはそれが一番眠りやすいと感じるようになるはずです。

赤ちゃんの眠いサインは前項の通りです（86ページ参照）。

11時 昼ごはん

・赤ちゃんがどれだけの時間お昼寝したかにかかわらず、この時間までに起こして授乳しましょう。

・先ほどのお昼寝でほとんど眠れなかった場合も、長く寝かすことはやめましょう。1回のお昼寝で30分～1時間の睡眠が必要ですが、足りなくても次のお昼寝の時間にきちんと眠るはずですから心配しないでください。長すぎるお昼寝は夜の睡眠時間のリズムを乱してしまうので気をつけましょう。昼間の生活リズムを整えることが大切です。

・1日のうちのこの時間だけ（1日1回）哺乳瓶であげましょう。100㎖の搾乳した母乳かミルクを哺乳瓶で与え、足りない分を直接おっぱいからあげるようにします。

・ここから1時間～1時間半ほどは一緒に遊ぶなどして赤ちゃんを起こしておきましょう。

12時〜12時半

- 2回目のお昼寝です。9時の時と同じようにお昼寝させましょう。
- 眠れないようであれば13時半まで待っても大丈夫です。その場合は体を動かすなどして遊んであげましょう。

14時　おやつ

- この時間までに赤ちゃんを起こして授乳しましょう。
- その後1時間ほどは一緒に遊んで赤ちゃんを起こしておいてください。

15時〜15時半

- 3回目のお昼寝です。午前中にうまく眠れなかった赤ちゃんはここでぐっすり眠るでしょう。それでも1時間半以上は寝かせないようにしてください。
- 反対に、これまでの2回のお昼寝で十分眠った赤ちゃんはこの時間のお昼寝は必要ないかもしれません。その場合は寝なくても大丈夫ですが、17時を過ぎてから眠ることがないようにしてください。もし眠ってしまった場合は必ず15分で起こすようにしてください。夜に眠れなくなってしまいます。

16時半　夕ごはん

※最初は慣れないので授乳の場合（17時）より少し早めにあげてみましょう。

・離乳食を始める3つの条件にすべて当てはまり始める場合は、この時間から離乳食を始めてみましょう（離乳食の後は、ほしいだけミルクをあげる）。

・初めはママの指で「ミルク粥《がゆ》」をあげます。

・慣れてきたら少しだけスプーンに乗せてあげてください。

・ミルク粥をティースプーン1杯あげることから始めましょう。普通のお粥をすりつぶしてもいいですし、量が少なくて面倒なら粉末のインスタントお粥（子ども用）を使ってもいいでしょう。「適量のお湯を入れて作る」とパッケージに書いてあるものもありますが、代わりに「普段飲んでいるミルクを入れて（普段母乳を飲んでいる場合は母乳を、粉ミルクの場合は粉ミルクを入れて）」お粥を作ります。

普通のお粥をすりつぶすよりも粘り気が少ないので、初めはこちらの方が食べやすいかもしれません。お粥をすりつぶした場合にも、普段飲んでいるミルクを入れることをお薦《すす》めしています。

●お粥は**マヨネーズくらいの柔らかさ**にすると食べやすいようです（水っぽすぎても、粘り気がありすぎてもよくない）。

●よく食べる赤ちゃんの場合は、お粥を3日毎《ごと》にティースプーン1杯ずつ増やしていきましょう。ただし、次の授乳のタイミングでいらないとなってしまう場合は増やしすぎなので、再びティースプーン1杯分減らしてくださいね。

●反対に、離乳食を始めるサインが見えたもののお粥をあげたら嫌がったという場合は、赤ちゃんにまだその準備ができていなかったということなので、1週間あけてから、もう一度試してみましょう。

●野菜粥など味のついたものもありますが、初めは味のついていないものをお薦めしています。また小麦などのアレルギー食材が使用されていることもあるので、表示には十分注意してください。

- 離乳食を食べている時に、湯冷ましや麦茶、ルイボス茶などミルク以外の飲み物を試すのもいいでしょう。

- 食後は①母乳（もしくは粉ミルク）②湯冷まし③どちらもいらない場合はなし、の順で水分補給をしてあげましょう。ただし、寝る前は必ず母乳（もしくは粉ミルク）で終えるようにしてください。

- 2週間、この時間帯にお粥をあげてみて赤ちゃんがよく食べ、好きそうなら、朝7時半〜8時の朝ごはんも離乳食（ミルク粥）にしてもいいでしょう。

17時半〜18時

- 「夕食→お風呂→就寝」のセットです。夕食後に落ち着いたらお風呂に入れます。その後には明るい部屋には行かず、明かりを落とした寝室に向かうようにしましょう。眠る前の授乳はそのまま寝室で行ってください。

18時半

お風呂の後で、明かりを落とした寝室でお休み前の授乳をします。赤ちゃんがウトウトしてきたら、**そのままそっとベッドに置いてあげましょう**。

夜中の授乳

このスケジュールに沿って生活リズムを作っていれば、この時期には夜通し眠れるようになってきます。これまでの習慣で夜中に起きてしまうことがあるかもしれませんが、そのまま眠れるように上手にサポートしてあげましょう。

うまく眠れない場合は、昼間の過ごし方、特にお昼寝の仕方をもう一度確認してみましょう。多くの赤ちゃんは夕方のお昼寝の時間が減ってくる頃だと思いますが、その場合はいつもより少し早めに就寝する必要があるかもしれません。

反対に午前中にうまく眠れなかった場合はこの夕方のお昼寝の時間にぐっすり眠っ

てしまうと思いますが、必ず30分から1時間、長くても1時間半で起こすようにしてください。また夕方17時すぎに眠ってしまった場合は15分で起こすようにしてください。

赤ちゃんは昼間に眠りすぎても夜うまく眠れませんし、反対に疲れすぎてもやはり夜にうまく眠ることができません。

それでもなかなかうまくいかないとお悩みの方は、前項の〈夜中の授乳〉と〈続けるコツ〉を確認して頂き、諦めずにもう一度チャレンジしてみてください（89～95ページを参照してください）。

4カ月の赤ちゃんの発達

- ☆手に物を持っていくとそれを握るようになる
- ☆もたれて座ることができる
- ☆立つ姿勢をするように抱くと床を足で押す
- ☆声を出して笑う
- ☆自分の手を見たり、その手を口に入れる
- ☆おもちゃを口に入れ始めたら、それは“自分で確認”しているということ。大事なことなので止めないようにしましょう。

5カ月の生活リズム

野菜月間（離乳食）

４カ月頃からお粥を始めた赤ちゃんには今月から野菜を紹介していきます。離乳食と言っても母乳やミルクの付け足しという意味合いが強かったのが先月でしたが、今月からは野菜を少しずつ紹介していくことになります。

96ページの「離乳食のサイン」を満たすようになった赤ちゃんはここから「４カ月の生活リズム」を始めてみましょう。まだの赤ちゃんは３カ月の生活を続けてくださいね。

個人差がありますので月齢よりも赤ちゃん自身の成長で今後の生活リズムづくりは進めていってください。

時間割

5:00	起きたら授乳	
6:00		寝る 5:00〜6:00
7:00		
8:00	朝ごはん（離乳食）+ ミルク	
9:00		お昼寝（1回目） 9:00〜9:30
10:00	起こして授乳	
11:00		お昼寝（2回目） 11:30〜12:00
12:00		
13:00	昼ごはん（野菜ランチ + ミルク）	
14:00		お昼寝（3回目） 14:00〜14:30
15:00	ミルク	
16:00		お昼寝（4回目） 16:00〜16:30
17:00	夕ごはん（離乳食）+ ミルク	
18:00		お風呂 18:00
19:00	お休み前の授乳	就寝 18:30〜19:00
20:00		

※ミルク＝授乳と同じ意味ですので、母乳でも粉ミルクでもOK です

5カ月の生活リズム

5～6時

明け方、赤ちゃんが目を覚ましたら授乳しましょう。お腹が満たされた赤ちゃんはまた眠りにつくでしょう。

7時半～8時　朝ごはん

離乳食に慣れてきた場合には、この時間までに赤ちゃんを起こしてミルク粥をあげましょう（作り方は前項102ページ参照）。必ずあげてください、ということではありません。起こす場合は、部屋を明るくしたり服やおむつを替えるなどして赤ちゃんが自分から目を覚ますようにしてあげてください。

9時〜9時半

1回目のお昼寝です。赤ちゃんが眠そうに見えなくても一度寝かせてみましょう。この時、赤ちゃんが完全に眠るまで抱いたりせずに、そのままそっとベッドに置いてあげてください。家にいる時はできるだけ夜眠る時と同じところで、カーテンを閉め暗くした部屋で寝かせてあげましょう。

ただしこの時間は目安なので、「少し眠いだけでまだ寝られない」場合は30分待ってみましょう。その間は体を動かして遊ぶなどしてあげてください。そうやって本人が疲れるのを待って、1人で寝かせましょう。抱いていても、ウトウトしてきたらそっとベッドに置いてください。最後に眠るその瞬間が1人になるようにリズムを作ってあげれば、赤ちゃんはそれが一番眠りやすいと感じるようになるはずです。また、この時期に1人で眠ることを覚えていると〝自分をコントロールすること〟が身に付きます。

赤ちゃんの眠いサインは86ページをご参照ください。

10時 おやつ

・赤ちゃんがどれだけの時間お昼寝したかにかかわらず、この時間までに起こして授乳しましょう。

11時半〜12時

・2回目のお昼寝です。赤ちゃんが眠そうに見えなくても一度寝かせてみましょう。この時、赤ちゃんが完全に眠るまで抱いたりせずに、そのままそっとベッドに置いてあげてください。家にいる時はできるだけ夜眠る時と同じところで、カーテンを閉め暗くした部屋で寝かせてあげましょう。

・先ほどの1回目のお昼寝でぐっすり眠れた赤ちゃんはこの時間のお昼寝はそれほど長く必要ないか、いらない場合もあるかもしれません。

12時半 昼ごはん

・赤ちゃんがどれだけの時間お昼寝したかにかかわらず、この時間までに起こしてあげましょう。

先ほどのお昼寝でほとんど寝なかった場合も、長く寝かすことはやめましょう。1回のお昼寝で30分～1時間の睡眠が必要ですが、もしも足りなくても次のお昼寝の時間にきちんと眠るはずですから心配しないでください。**長すぎるお昼寝は夜の睡眠時間のリズムを乱してしまうので気をつけましょう。**昼間の生活リズムを整えることが大切です。

夕方の離乳食（ミルク粥）に慣れてきたら、この時間に野菜ランチ（離乳食）をあげましょう。私が教わったメニューを次ページでご紹介しますね。

野菜ランチを食べている間には麦茶かルイボス茶、湯冷ましなどをあげます。その後で、必要な分だけミルクを飲ませましょう。

ランチの間に飲んでいた「哺乳瓶に入っているお茶」に粉ミルクを加えて、ミルクティーのようにして赤ちゃんに与えると作る方も簡単ですし、赤ちゃんもミルク以外の味に慣れやすいかもしれません。

週	野菜	量	赤ちゃんが食べる1回の量
1	かぼちゃ	中1個	1～2キューブ 1キューブ=大さじ1
2	かぼちゃ にんじん	大1個 中2本	2～4キューブ
3	かぼちゃ にんじん じゃがいも さつまいも	大1個 中2本 中1個 中1個	大さじ4～6
4	かぼちゃ にんじん じゃがいも さつまいも ミニズッキーニ いんげん	大1個 中2本 中1個 中1個 小2本(皮付き) 少々(皮付き)	大さじ8

※塩、砂糖、マーガリン、バター、出汁のいずれも加えません。
※残ってしまった分の再利用はしないでください。

離乳食(野菜)の作り方

- 野菜の皮をむいて小さなキューブ状に切ります。
- 野菜が浸《ひた》るくらいの水を入れて、野菜がやわらかくなるまで15～20分煮込みます。
- 冷ました野菜をミキサーやグラインダー等でペースト状にします。
- 製氷皿に入れてラップをかけて冷凍庫で凍らせます。その後、密封袋などに詰め替えるといいでしょう。
- 3週間以降は量が増えるの

で、製氷皿に入れなくても小さな保存容器に指示された量を入れて冷凍する方が簡単かもしれません。

- この量がだいたい1週間分になります。

14時～14時半

- 3回目のお昼寝です。午前中のお昼寝と同じようにお昼寝させましょう。
- 午前中にうまく眠れなかった赤ちゃんは、ここでぐっすり眠ることになるでしょう。その場合も1時間半以上は寝かせないようにしてください。
- 眠れないようであれば、14時半まで待っても大丈夫です。その場合は体を動かすなどして遊んであげましょう。

15時 おやつ

- この時間までに赤ちゃんを起こして授乳しましょう。
- その後1時間ほどは一緒に遊んで赤ちゃんを起こしておいてください。

16時～16時半

- 4回目のお昼寝です。これまでのお昼寝で十分眠った赤ちゃんはこの時間のお昼寝は必要ないかもしれません。その場合は寝なくても大丈夫ですが、17時を過ぎてから眠ることがないようにしてください。もし眠ってしまった場合は必ず15分で起こすようにしてください。

17時 夕ごはん

- この時間までに赤ちゃんを起こして離乳食（ミルク粥）をあげましょう（作り方は102ページ参照）。
- 離乳食の後で必要であればミルクをあげてください。本人がいらないようであれば、なしでも大丈夫です。ただし、お風呂上がり、一日の最後は必ずミルクで終えるようにしてください。

17時半〜18時

「夕食→お風呂→就寝」のセットです。夕食後に落ち着いたらお風呂に入れます。その後には明るい部屋には行かず、明かりを落とした寝室に向かうようにしましょう。眠る前の授乳はそのまま寝室で行ってください。

18時半〜19時

お風呂の後で、明かりを落とした寝室でお休み前の授乳をします。赤ちゃんがウトウトしてきたら、**そのままそっとベッドに置いてあげましょう**。

夜中の睡眠

日中のお昼寝が3時間程度（1回のお昼寝が30分〜1時間）でミルクをしっかり飲んでいれば、この時期には夜中に目を覚ますことなく眠るようになっているはずです。もしも夜中に目を覚ましてしまったとしても、ミルクを与えずにもう一度眠りにつけるようにしていきましょう。

この時期、ミルクを与えなければ眠れないという赤ちゃんもいるかもしれません。しかし、ほとんどの場合は、習慣になっているためです。夜中に起きた時、すぐにミルクを与えていませんか？　この時期の赤ちゃんの体は朝までミルクを飲まなくても大丈夫なはずです。「ママがミルクをくれれば飲む」というのが赤ちゃんの本音です。今この時期にミルクがなくても夜通し眠れることを覚えないと、7～8カ月で立てるようになった時にもっと大変になってしまいます。ですから夜に母乳やミルクを与えるのはやめて、ミルクなしでも眠れるように赤ちゃんに教えてあげましょう。

★赤ちゃんが夜中に起きても、まずは様子を見てください。

★1～2分経ってから、近づいて睡眠アイテム（おしゃぶり、タグ付きタオルなど）を渡しましょう。この時、赤ちゃんからはママの顔が見えないようにしてください。ママの顔が見えると「抱いてもらえる」と思って起きてしまうことがあるからです。この時間に起きてしまうのは、〝本来は寝てほしい時間だけれど（途中から始めたりして）ママが抱いて寝かす習慣がある場合〟などもあるので、そういうときにはなおさら、「ママから赤ちゃんは見えるけれど赤ちゃんからはママが見えない」ようにすると軌道修正がうまくいきやすいということです。

特にそのような癖がついていなくても、赤ちゃんからママが見えないようにすると、起こすときに声をかけずにオムツを替えたり服を替えて起こすきっかけを与えるのと同じように、赤ちゃんが自分でまた寝たと思って一人寝にもっていきやすいです。

★再び様子を見て今度は3～4分待ってみましょう。

★それでも寝ないようなら背中をトントンしてあげてください。

★さらに4～5分様子を見て、それでも眠れないようなら抱いてあげましょう。この時もミルクはあげないようにしてください。

★お腹も空いていない、げっぷの心配もないという場合には「何もしないで」様子を見てください。

★それでも眠らないので何か口に含ませてあげたいと思う場合は湯冷ましか麦茶、ルイボス茶など普段飲ませているミルク以外の飲み物をあげましょう。特に明け方（例えば3時半頃）にミルクを飲むと朝食がいらなくなってしまうからです。

★いきなりミルクをやめることに抵抗がある方は、次の方法を試してみてください。
①だんだんミルクを減らしていきます。この場合は粉ミルクがやりやすいでしょう（離乳食が始まっているので赤ちゃんの方でも抵抗がなくなってくる子が多いと思います）。
②例えば、１５０㎖のお湯に対して粉ミルクを5杯（表示通り）入れてミルクを作っているとします。
③これを翌日には、お湯は同量の１５０㎖に対してミルクは4杯にします。
④また翌日には今度はお湯１５０㎖に対してミルクは3杯という風に、だんだんとミルクを減らして薄いミルクにしていきましょう。
★この時に「ただ呼んでいるだけ」「寝言を言っているだけ」なのに毎回ママが反応して抱いたり授乳したりすると、赤ちゃんはそれで目を覚ましてしまいます。そしてママに抱かれて眠る、もしくはミルクを飲んで眠るという習慣を新たに覚えることになりますので注意しましょう。
★初めは慣れずに少しの間泣くことがあるかもしれませんが、3日～1週間続けてください。そうすると1週間後にはミルクなしでも眠れるようになります。

5カ月の赤ちゃんの発達

- ☆ラトル(がらがら)や他のおもちゃで遊ぶようになる
- ☆少し離れたおもちゃに手が届いたり、自分で取ることができるようになる
- ☆何でも口に入れるようになる
- ☆両親以外の人にも反応するようになる
- ☆鏡を見て笑うようになる
- ☆サポートがあれば座れるようになる

6カ月の生活リズム

プロテイン月間（離乳食にお肉登場）

離乳食として赤ちゃんに野菜を試して、だんだんとミルク以外の食べ物に慣れてきた頃だと思います。体も成長し、より多くの離乳食を欲しがる場合は、プロテイン（お肉や魚）をこれまでの野菜に混ぜて少しずつ試していきます。5カ月の時と同じように、6カ月になったからすぐこの離乳食を始めるのではなくお子さんの状態に合うところから順々に進めていく上で1つのヒントになればと思います。

6カ月から変わること

★赤ちゃんが離乳食に慣れて、ご機嫌でよく食べられるようなら、朝ごはんと昼ごはんの時間のデザートとしてフルーツを試してみましょう。

★だんだんとお粥の粒を大きめに変えていきましょう。

★少しずつ子ども用のビスケットを試してみましょう。

時間割

5:00	起きたら授乳	
		寝る 5:00～6:00
6:00		
7:00	朝ごはん （離乳食)+ミルク	
8:00		
		お昼寝（1回目) 9:00～9:30
9:00		
10:00	起こしておやつ+ミルク	
11:00		
		お昼寝(2回目) 11:30～12:00
12:00		
	昼ごはん （野菜&お肉)+ミルク	
13:00		
		お昼寝(3回目) 14:00～14:30
14:00		
15:00	起こして授乳	
16:00		お昼寝(4回目) 16:00～16:30
17:00		
	夕ごはん （離乳食)+ミルク	お風呂 18:00～18:30
18:00		
	お休み前の授乳	
19:00		
		就寝 18:30～19:00
20:00		

6カ月の生活リズム

5～6時

・明け方、赤ちゃんが目を覚ましたら授乳しましょう。お腹が満たされた赤ちゃんはまた眠りにつくでしょう。

7時 朝ごはん

・この時間までに赤ちゃんを起こしてお粥をあげましょう。ミルク粥か普通のお粥かはどちらでもいいので赤ちゃんに合わせてください。起こす場合は、部屋を明るくしたり服やおむつを替えるなどして赤ちゃんが自分から目を覚ますようにしてあげましょう。

・お粥をあげてミルクを必要なだけ飲んだら、その後でフルーツを試してみましょう。

- フルーツは**茹《ゆ》でて**ミキサー（もしくはフォークなど）でやわらかくしたものを赤ちゃんにあげてください。りんご、バナナ、西洋なし、いちごなどが始めやすいでしょう。
- アレルギーには、充分注意してくださいね。

9時〜9時半

- 1回目のお昼寝です。赤ちゃんが眠そうに見えなくても一度寝かせてみましょう。赤ちゃんをベッドにそっと置いて睡眠アイテムをあげます。家にいる時にはできるだけ夜眠る時と同じ場所で、カーテンを閉め暗くした部屋で寝かせてあげましょう。
- 赤ちゃんがうまく寝られないようなら1時間程待ってみましょう。その間は**体を動かして遊んであげてください**。そうやって本人が疲れるのを待って、1人で寝かせるようにしてください。

10時 おやつ

- どれだけお昼寝したかにかかわらず、この時間までに起こしましょう。
- 子ども用のビスケットやおせんべいなども食べられるようになる時期なので試してみましょう。その後でミルクを必要な分だけあげてください。

11時半～12時

- 2回目のお昼寝です。赤ちゃんが眠そうに見えなくても一度寝かせてみましょう。睡眠アイテムを渡してそっとベッドに置いてあげてください。家にいる時はできるだけ夜眠る時と同じところで、カーテンを閉め暗くした部屋で寝かせてあげましょう。
- うまく1人で寝られない時も、すぐに抱くのではなく夜と同じようにだんだんと1人で寝られるように上手にリードしてあげましょう。
- 先ほどの1回目のお昼寝でぐっすり眠れた赤ちゃんはこの時間のお昼寝はそれほど長く必要ないか、いらない時もあるかもしれません。

12時半　昼ごはん

・どれだけの時間お昼寝したかにかかわらず、この時間までに起こしてあげましょう。

・先ほどのお昼寝でほとんど眠れなかった場合も、長く寝かすことはやめてください。この時期の赤ちゃんは各授乳時間の合間に1回ずつ、一度に30分〜1時間のお昼寝が必要ですが、もしここで眠れなければ次のお昼寝の時間にきちんと眠るはずですから心配しないでください。17時までにお昼寝全体としての時間が調整できれば大丈夫です。長すぎるお昼寝は夜の睡眠時間のリズムを乱してしまうので気をつけましょう。

・この時間に**野菜&お肉ランチ**。私が教わったメニューを次ページに紹介します。

・**デザートにフルーツ（りんご、バナナ、西洋なし、いちごなど）をあげてもOK**です。フルーツは**茹でて**ミキサー（もしくはフォークなど）でやわらかくしたものを赤ちゃんにあげてください。

・アレルギーの心配があるので、食材には十分注意してください。

・ランチ時には麦茶かルイボス茶、湯冷ましなどをあげましょう。その後で必要な分だけミルクを飲ませましょう。

・ランチの間に飲んでいた「哺乳瓶に入っているお茶」に粉ミルクを加えてミルクティーのようにしてあげると作る方も簡単で赤ちゃんもミルク以外の味に慣れやすいかもしれません。

離乳食（野菜&お肉）の作り方

実際の月齢がいくつであっても、条件に合うところから始めてください。また必ず「5カ月のリズム」にある離乳食の後で、こちらをご使用ください。

・お肉や白身魚（たらや鯛、しらす干しなど）を鍋に入れて浸る程度の水を入れて、やわらかくなるまでゆっくり煮ます。

・それを細かく刻んで（もしくはミキサーやグラインダーで細かくする）、水も全部一緒にすでに調理された野菜と混ぜます。

・野菜は先月の4週目と同じ分量で作りましょう（分量は114ページ参照）。

週	野菜	プロテイン	赤ちゃんが食べる1回の量
1	かぼちゃ にんじん じゃがいも さつまいも ミニズッキーニ いんげん	鶏肉	大さじ8～12 (鶏肉と野菜合わせて)
2	1週目と同じ	牛肉	大さじ8～12 (牛肉と野菜合わせて)
3	1週目と同じ	豚肉 (もしくは鶏肉か牛肉)	大さじ8～12 (豚肉と野菜合わせて)
4	1週目と同じ	白身魚 (魚だけに抵抗があれば鶏肉と一緒に)	大さじ8～12 (魚と野菜合わせて)

※塩、砂糖、マーガリン、バター、出汁のいずれも加えません。
※残ってしまった分の再利用はしないでください。

- お肉と野菜を一緒に煮て、水も全部一緒に冷凍してOK。
- 指示された量を小さな保存容器に入れて冷凍します。
- この分量がだいたい1週間分になります。
- 白身魚はレンジ加熱（1切れにラップをかけレンジで3分程度）の方が調理しやすいかもしれません。

14時〜14時半

・3回目のお昼寝です。午前中のお昼寝と同じようにそっとベッドに置いて寝かせましょう。うまく寝られない場合には抱いてもいいですが、ウトウトしてきたら静かにベッドに置き、寝つく瞬間は1人で眠るようにしましょう。

・午前中にうまく眠れなかった赤ちゃんはここでぐっすり眠ることになるでしょう。その場合は1時間半を超えないようにしてください。

・眠れないなら14時半まで待ってもOK。体を動かして遊んであげましょう。

15時 おやつ

・この時間までに起こして授乳しましょう。

・その後1時間ほどは一緒に遊んで赤ちゃんを起こしておいてください。

16時〜16時半

・4回目のお昼寝です。これまでのお昼寝で十分眠った赤ちゃんはこの時間のお昼寝は必要なくなるかもしれません。その場合は寝なくても大丈夫ですが、17時を過ぎてから眠ることがないようにしてください。もし眠ってしまっても15分で起こすようにしてください。

17時 夕ごはん

- この時間までに起こしてお粥をあげましょう。ミルク粥か普通のお粥かは赤ちゃんに合わせて、どちらでもOKです。
- お粥の後で必要であればミルクをあげてください。赤ちゃんがいらないようならなしでも大丈夫ですが、お風呂上がりの一日の最後は必ずミルクで終えるようにしてください。

18時〜18時半

- 「夕食→お風呂→就寝」のセットです。夕食後にお風呂の準備ができたらお風呂タイム。その後は明るい部屋には行かず明かりを落とした寝室に向かいましょう。お風呂上がりの授乳もそのまま寝室で行ってください。

18時半〜19時

● お風呂の後、明かりを落とした寝室でお休み前の授乳をします。ウトウトしてきたらそのままそっとベッドに置いてあげましょう。

● もしもベッドに置いて泣いてしまっても、すぐには抱かずに少し様子を見るようにしてください。1人で眠っても大丈夫だということを赤ちゃんにやさしく教えてあげましょう。

この時期に知っておきたいこと

● 日中の過ごし方が落ち着いていれば、この時期には夜中に目を覚ますことなく眠るようになっているはずですが、うまくいかない場合は前項の〈夜中の睡眠〉を読んでください（117ページ参照）。

◎歯が生え始める時期です。「せき、発熱、鼻水、耳が少しおかしくなる」というような症状は歯の生え始めに起こるトラブルだと言われています。上記の症状が出たらそろそろ歯が顔を見せるかもしれません。ただし、病気が心配な場合はすぐに病院に行くようにしてくださいね。

6カ月の赤ちゃんの発達

- ☆寝返りを始める
- ☆頭を上手に動かせるようになる
- ☆いろいろなことに興味が出てくる
  ― 音に反応して振り向く等
- ☆おもちゃを片方の手からもう片方の手に移動できるようになる
- ☆赤ちゃん語で話したり、唇を震わせて「ぶ～」と言うようになる
- ☆うまく体重を支えて、つかまり立ちができるようになる
- ☆サポートがあれば座れる

7カ月の生活リズム

乳製品月間（離乳食にフルーツヨーグルト）

1日3回の離乳食が定着してきたら、5時頃に起きることなく朝7時まで眠れるようになるでしょう。離乳食が進んでくると、飲むミルクを飲む量がだんだん減ってくるかもしれませんが、赤ちゃんがいらないようならそれで大丈夫です。代わりに麦茶やルイボス茶、湯冷ましをあげてください。ただし、一日の終わり、寝る前には必ずミルクで終えるようにしましょう。

7カ月から変わること

★柔らかくしたフルーツを混ぜたティースプーン1～2杯のヨーグルトも食べられるようになってきます。

例）バナナ、りんご、西洋なし、いちごなど。私は、朝食のお粥の後とランチの後で、あげていました。

★アレルギーを考えて、新しい食材は慎重に試してください。

★おやつに小さくカットしたトーストをあげるのも一案。

時間割

時刻		
5:00		
6:00		
7:00	朝ごはん 起こしてお粥+ミルク	
8:00		
9:00		お昼寝（1回目） 9:00〜9:30
10:00	おやつ（トースト）+ミルク	
11:00		お昼寝（2回目） 11:30〜12:00
12:00	昼ごはん（野菜&お肉）	
13:00		
14:00		お昼寝（3回目） 14:00〜14:30
15:00	おやつ	
16:00		お昼寝（4回目） 16:00〜16:30
17:00	夕ごはん	
18:00	お休み前の授乳	お風呂 18:00〜18:30
19:00		就寝 18:30〜19:00
20:00		

7カ月の生活リズム

7時　朝ごはん

・この時間までに赤ちゃんを起こしてお粥をあげましょう。

・お粥の後にやわらかくしたフルーツを混ぜたティースプーン1～2杯のヨーグルトなども食べられるようになる頃です。

・その後で、ミルクを必要なだけあげてください。このときにミルクがいらないようであれば代わりにルイボス茶や麦茶、湯冷ましを飲ませましょう。その後1時間ほどは一緒に遊んだりして赤ちゃんを起こしておいてください。

9時～9時半

・1回目のお昼寝です。赤ちゃんが眠そうに見えなくても一度寝かせましょう。カーテンを閉め暗くした部屋で、赤ちゃんをベッドにそっと置いて睡眠アイテムをあげます。

・うまく眠れないようなら1時間程待ってみましょう。その間は体を動かして遊ぶなどして本人が疲れるのを待って、1人で寝かせるようにしてください。

10時 おやつ

・ミルク以外のものを試すという意味で、トーストを親指の爪の大きさくらいにカットしたものをスナックとして試すのも一案です。初めはそのまま口に与えてもいいですが、赤ちゃんが興味を示したら目の前に置いてあげてください。赤ちゃんが自分の手で掴《つか》んで食べるようになるでしょう。

・トーストの後で（トーストは用意した分を全部食べなくても問題ありません）、ネットに入れたフルーツをあげてもいいでしょう。おしゃぶりの先がネットになっている〝フルーツネット〟の使用をお薦めしています。これは、カットしたフルーツを付属のネットに入れて赤ちゃんが直接フルーツを噛んで食べることを可能にしたもので、安全に噛《か》む楽しさと自分で食べる楽しさを教えてあげることができます。

・フルーツをあげた場合は、その後でミルクを必要なだけあげてください。

11時半～12時

・2回目のお昼寝です。赤ちゃんがそれほど眠そうに見えなくても一度寝かせてみましょう。先ほどのお昼寝でぐっすり眠った赤ちゃんはこの時間にはあまり寝ないかもしれません。

12時半 昼ごはん

・赤ちゃんがどれだけの時間お昼寝したかにかかわらず、この時間までに起こしてあげましょう。

・この時間に野菜&お肉ランチをあげましょう。先月までの野菜のうち、かぼちゃ、にんじん、さつまいもは基本メニューとして残し、残りの野菜については各週ずつ新しい野菜を紹介するようにします。

例）えんどう、カリフラワー、キャベツ、ブロッコリー、ほうれん草、ズッキーニ、カブなど。

- だんだんプロテイン（お肉や魚）の量を増やしていきます。1／3をプロテイン、2／3を野菜にしてください。
- デザートにフルーツを混ぜたティースプーン1～2杯のヨーグルトをあげてみてもいいでしょう。
- ランチを食べている間には麦茶かルイボス茶、湯冷ましなどをあげましょう。その後で必要な分だけミルクを飲ませましょう。

14時～14時半

- 3回目のお昼寝です。午前中のお昼寝と同じようにそっとベッドに置いて寝かせましょう。うまく寝られない場合には抱いてもいいですが、ウトウトしてきたら静かにベッドに置いて最後は1人で眠るようにしましょう。
- 午前中にうまく眠れなかった赤ちゃんはここでぐっすり眠ることになりま

すが、その場合も1時間半を超えないようにしてください。
- すぐに眠れない場合は体をしっかり動かして遊んであげてください。

15時 おやつ

- この時間までに起こしましょう。
- 子ども用のビスケットやおせんべいも食べられるようになってきます。あげる場合には、その後でミルクを必要な分だけあげてください。

16時〜16時半

- 4回目のお昼寝です。これまでのお昼寝で十分眠った赤ちゃんはこの時間のお昼寝は必要なくなるかもしれません。その場合は寝なくても大丈夫ですが、17時を過ぎてから眠らないようにしてください。もし眠ってしまった場合にも15分で起こすようにしてください。ここで寝過ぎると夜に眠れなくなってしまいます。

17時〜17時半　夕ごはん

- この時間までに起こしてお粥をあげましょう。
- お粥の後で必要であればミルクをあげてください。

18時〜18時半

- 「夕食→お風呂→就寝」のセットです。夕食後にお風呂の準備ができたらお風呂に入れます。その後は明るい部屋には行かず明かりを落とした寝室に向かいましょう。お風呂上がりの授乳も寝室で行ってください。

18時半

- お風呂の後、明かりを落とした寝室でお休み前の授乳をします。ウトウトしてきたらそのままそっとベッドに置いてあげましょう。
- うまく眠れないようでも、**「お腹も空いていない」「げっぷも大丈夫」と確信できる場合は「何もしない」ことです。**これは夜に起きてしまった時にも同じことが言えます。一瞬「うぇ～ん」と泣くかもしれませんが、すぐに止むことでしょう。ここで泣いたからと言ってすぐに近寄ったりミルクを与えるとそれを習慣として覚えることになってしまいます。私の息子も例外ではなく、一時期、22時半頃に起きてしまう時期がありましたが様子を見て何もしないでいたら、いったん「うぇ～ん」となってもすぐに泣き止んで再び寝つき、1週間後にはすっかり1人で寝られるようになっていました。

夜中や明け方に起きてしまう場合

★もしも明け方3時半や6時半といった時間に起きてしまった場合には、まずは様子を見てください。どうしても何か口に含ませてあげたいという時にも、ミルクはあげないで麦茶やルイボス茶、または湯冷ましをあげるようにしてください。ここでミルクをあげると翌朝の朝食がいらなくなってリズムが崩れてしまうからです。

★また、夜（22時半頃など明け方というにはまだ早い時間）のミルクをいきなりなくすことに不安がある場合は、だんだんとミルクの濃度を薄めていきましょう。

例えば、150㎖のお湯にスプーン5杯のミルクを入れているとします（これはそれぞれの粉ミルクメーカーの表示に従ってください）。翌日はお湯は150㎖のままですがミルク量をスプーン4杯に減らします。その翌日はまたお湯の量はそのままでスプーン3杯に、というようにだんだんとミルクを薄めていきます。そうすることで赤ちゃんも気づかないうちにミルクを減らしても平気になっていくことができるでしょう。

7カ月の赤ちゃんの発達

☆サポートなしで座り始める

☆一度に2つのおもちゃを持てるようになる

☆自分の足で遊ぶようになる

☆髪や耳を引っ張って遊ぶようになる

8カ月の生活リズム

お昼寝が1日2回に

この月で一番大きく変わるのが「お昼寝の時間」です。これまでそれぞれの授乳の間に、1日で計3～4回のお昼寝をしていましたが、1回のお昼寝の時間が長くなり1日に計2回のお昼寝をすることになります。これは15カ月まで続きます（それ以降はだんだんお昼寝が必要なくなってくるでしょう）。

8カ月から変わること

★お昼寝が1日2回になります（8カ月～15カ月）。9時と13時半の2回で、1回のお昼寝の時間が少し長くなります。

★歯が生えてきた赤ちゃんは、虫歯対策でフルーツを食べた後にはミルクを必ずあげるようにしましょう。

時間割

5:00
6:00
朝ごはん
7:00
8:00
9:00 おやつ
お昼寝
9:00
10:00
11:00
12:00 昼ごはん （離乳食+ミルク）
13:00
午後のお昼寝
13:30
14:00
15:00 おやつ
16:00
17:00
夕ごはん （離乳食）+ミルク
お風呂
18:00
18:00
お休み前の授乳
19:00
就寝
18:30〜19:00
20:00

8カ月の生活リズム

6時半　朝ごはん

- この時間までに赤ちゃんを起こして朝ごはんをあげましょう。ぐっすり眠っているようなら7時まで待ってもいいでしょう。
- 朝ごはんのメニューは、お粥＋フルーツヨーグルト＋ミルク（必要なだけ）です。
- ごはんの途中はルイボス茶や麦茶、湯冷ましを飲ませ、最後にミルクをあげます。このときにミルクがいらないようであれば、無理にあげる必要はありません。
- アレルギーが心配な方は（7カ月の時と同じように）、フルーツもこの限りではありません。
- その後1時間ほどは一緒に遊ぶなど、赤ちゃんを起こしておいてください。

・早く起きすぎた時には（例　5時に起きたなど）、まず様子を見てください。6時半まで待てず空腹で泣くようであればそこで少しミルクをあげましょう。その場合には、6時半ではまだお腹が空いていないので朝ごはんは8時にしてください。

9時―10時　おやつ

※お昼寝の前にこの時間を取ってください。

・サンドイッチをあげてみましょう。

・ジャム（いちごはアレルゲンなので、マーマレードやアプリコットなどから始めることをお薦めしていますが、すでにアレルギーがないとわかっている場合はいちごでも大丈夫です）をうすく塗ってサンドイッチを作り、親指の爪の大きさくらいにカットしたものを赤ちゃんの目の前に置いて自分で食べさせてみます。

・サンドイッチの後でミルクを必要なだけあげてください。

9時

・午前中のお昼寝です。

・カーテンを閉め暗くした部屋で、赤ちゃんをベッドにそっと置いて睡眠アイテムをあげて寝かせます。

・1日2回のお昼寝になるので1回のお昼寝時間が少し長くなると言いましたが、午前中のお昼寝時間はそれほど変わらなくても心配いりません。前日の夜から朝まで夜通しぐっすり眠った赤ちゃんは、この時間のお昼寝は30分から1時間程度になります。

12時—13時 昼ごはん

・この時間に炭水化物（お米）＋お肉（お魚）＋野菜ランチ。

・ごはんやパン、麺類などを野菜と一緒にあげます。

- 炭水化物：プロテイン（お肉や魚）：野菜＝1：1：1になるように量を調節します。
- 大人用に調理したものの中で赤ちゃんも食べられそうな味のものを、少しずつ紹介していきましょう。
　例）前日の夕食時に作ったミンチ、チキン、牛肉など。
- だんだんお肉や野菜を流動から固形にしていきましょう。
- デザートにフルーツ。
- ランチを食べている間には麦茶かルイボス茶、湯冷ましなどをあげ、その後で必要な分だけミルクを飲ませてください。

卵を紹介するのは8カ月以降に

- 赤ちゃんに卵をあげるのは8カ月以降にしてください。
- あげる場合は小さなティースプーン1杯の卵から始めましょう。
- 最初の2週間は固ゆでした卵の黄身の部分だけをあげます。

・その後で固ゆでした卵の白身をティースプーン1杯（もしくはそれ以下の少量）あげます。

・右記でアレルギー反応がなかった場合は、その後、週に3回程度つぶしたゆで卵を野菜に混ぜてみましょう（月曜、水曜、金曜、もしくは火曜、木曜、土曜）。

・このくらいの少量から始めれば、もしもアレルギー反応があった場合にも腕や顔にポツポツと出るなど反応も小さいのでそれ以降除去すれば問題ないと言われていますが、**様子を見ながら慎重に進めてください**。特に卵白は反応が出やすいと言われています。

・市販のベビーフードなどにもこのくらいの時期から卵が使われているものがありますので、卵をあげるならこの時期からだとご紹介しておきます。

13時半

・午後のお昼寝です。午前中のお昼寝と同じようにそっとベッドに置いて寝かせましょう。

- 午前中にうまく眠れなかった赤ちゃんはここでぐっすり眠ることになりますが、その場合も1時間半、長くても2時間を超えないようにしてください。
- すぐに眠れない場合は体をしっかり動かして遊んであげましょう。

15時 おやつ

- この時間までに赤ちゃんを起こしましょう。
- 離乳食が進んできたので、この時間におやつ（スナック）は必要ないかもしれません。その場合はミルクをおやつとしてあげてください。
- 子ども用おせんべいなどのスナックをあげて、その後の夕ごはんの時間にあまり食べられないようなら、この時間に食べ過ぎているので、慣れるまではスナック類は控えてミルクだけあげるようにしてください。

17時半 夕ごはん

・食べる量が増えてくるので、夕ごはんの時にもお肉＋野菜＋お米（少しだけ）をあげてみましょう。

・食事の後で必要であればミルクをあげてください。離乳食に慣れ、量も増えてきたら、ここでミルクはそれほど飲まないかもしれませんが、お風呂の後でしっかり必要なだけ飲むことになるので問題ありません。

18時

・「夕食→お風呂→就寝」のセットです。夕食後にお風呂の準備ができたらお風呂に入れます。その後は明るい部屋には行かず明かりを落とした寝室に向かいましょう。お風呂上がりの授乳も寝室で行ってください。

18時半—19時

・お風呂の後、明かりを落とした寝室でお休み前の授乳をします。赤ちゃんがウトウトしてきたらそのままそっとベッドに置いてあげましょう。

だんだんと動けるようになってつかまり立ちができるようになったり、歯が生えてきてイライラする時期になってくるので、この時期までにうまく眠れるように上手にリードしてあげましょう。まだうまく眠れない場合の対処法は前述の通りです（91ページ参照）。

8カ月の赤ちゃんの発達

- 少しの間ならサポートなしで立つことができるようになる
- とても小さな物も掴《つか》むことができるようになる
- 人を呼ぶようになる

9カ月の生活リズム

フィンガーフード月間（離乳食）

この時期の赤ちゃんには、昼ごはんの時間に食事（ごはん＋お肉＋野菜）の前に、フィンガーフードを乗せた「ピクニックプレート」をあげましょう。これまでいろいろな野菜やお肉を食べやすいように一緒に味わえる形にして、ミルク以外の食べ物に親しんできた赤ちゃんに、それぞれの素材の味を少しずつ紹介していきます。

歯が生えてきた時の対処法

歯が生え始めてイライラしたり気になっている赤ちゃんには、にんじん（生もしくは固ゆでしたもの）や、ジャーキーなどのように噛んでいられるものをあげると良いでしょう。赤ちゃんが自分の手に持って好きなだけ噛《か》めますし、万が一、口に入っても実際には食べることはできず、丸飲みの心配のない安心な材料だからです。

時間割

5:00	
6:00	朝ごはん
7:00	
8:00	
9:00	おやつ
	お昼寝 9:00
10:00	
11:00	
12:00	昼ごはん（離乳食+ミルク）
13:00	
	午後のお昼寝 13:30
14:00	
15:00	おやつ
16:00	
17:00	夕ごはん（離乳食)+ミルク
18:00	お風呂 18:00
	お休み前の授乳
19:00	就寝 18:30〜19:00
20:00	

9カ月の生活リズム

8カ月以降は、生活スケジュールとしては変わりませんので、ここからは変化があるところについて書きたいと思います。

12時～13時　昼ごはん

●**ピクニックプレートをあげてみましょう。**フィンガーフードを試す時には、まずは小さく切った食べ物を赤ちゃんの口に入れてあげることから始めます。それからだんだんと赤ちゃんが自分の手で少しずつ口に運んでいくように教えてあげましょう。

●ただし赤ちゃんが食べている間は必ず近くで大人が見守るようにしてください。決して食べている赤ちゃんを1人にはしないようにしてください。

●ピクニックプレートは以下の3つで成り立ちます。

1．フルーツ：やわらかいフルーツ。

例）バナナ、蒸したドライフルーツ、ぶどう、みかん。

これらのフルーツを試し、慣れてきたら次にりんご、西洋なし、桃などを教えていきましょう。

2. サラダ：トマト、きゅうり、アボカド、セロリ、パプリカなどを蒸してやわらかくして適当な大きさに切ったもの。

3. お肉／魚：チキンを小さく切ったもの、フィッシュフィンガーズ（揚げたタラなど小さく切られた揚げ魚）、魚ハンバーグ、ハムやソーセージ。

※市販の子ども用の惣菜はどの程度味付けしていいのかの良い参考になります。

9カ月の赤ちゃんの発達

☆お腹やお尻で歩き回るようになる（いわゆるずりばい）

☆家具につかまり立ちするようになる

☆複雑で音楽的な赤ちゃん言葉を言うようになる

10カ月の生活リズム

少しずつ大人の食事を紹介してあげましょう

この時期の赤ちゃんにとっては指で何かを掴《つか》むということがとても大切です。はじめはうまく掴めなかったものでも、少しずつ慣れていき、どのように指を動かせばスムーズに掴むことができるかを赤ちゃん自身が学んでいくのです。

時間割

5:00		
6:00	朝ごはん	
7:00		
8:00		
9:00	おやつ	お昼寝 9:00
10:00		
11:00		
12:00	昼ごはん（離乳食+ミルク）	
13:00		
14:00		午後のお昼寝 13:30
15:00	おやつ	
16:00		
17:00	夕ごはん（離乳食）+ミルク	お風呂 18:00
18:00	お休み前の授乳	
19:00		就寝 18:30〜19:00
20:00		

10カ月の食事

・赤ちゃんにフィンガーフード（手でつまんで食べられるもの）を自分で食べさせてあげましょう。ただし、必ず大人が傍《そば》で見ているときに行うようにしてください。

・大人の料理から取り分ける回数を少しずつ増やしていきましょう。

味つけが濃い料理や辛い料理を作る時には、赤ちゃんが食べられる味の段階で取り分けるか、その日は大人の料理からは取り分けないなどして無理のないように進めてください。大人の夕食を取り分けて、翌日の赤ちゃんの食事に出してあげましょう。もちろん、大人の夕食を早めに作ったときには同じ日の赤ちゃんの夕食に出すこともできますね。

この時期に知っておきたいこと

1. 読み聞かせやゲームをしましょう

ⓐ本の読み聞かせをしましょう——知識の83％は視覚からきて、そして同じお話を何度も何度も見たり聞いたりするとその90％が記憶に残るそうです。ですからこの時期の赤ちゃんには〝ポイント読み〟をしてあげましょう。

例えば、絵本にボールが描いてあったら、「これはボールだよ〜、キャッチ！」と言いながら絵本のボールを掴む仕草をして見せます。また、鳥が描いてあれば「これは鳥さんだよ〜、チュンチュンチュンチュンチュン」と指で鳥のクチバシを作りながら赤ちゃんに話しかけます。そのようにして、本のストーリーというよりは絵を見てその名前を言ったり、鳴き声を真似たりして赤ちゃんと一緒に本を楽しみましょう。

同じ本を何度もポイント読みしていると、だんだん赤ちゃんも名前を言ったり仕草を真似たりするようになります。本を楽しむタイミングは食事の後がお薦めです。お腹が満たされた後、次のお昼寝までの遊びの時間を使うと赤ちゃんも集中して一緒に本が読めるでしょう。

ⓑ片づけの時間をゲームにしましょう――この時期の赤ちゃんは箱などの入れ物にものを入れるのが大好きなので、ゲーム感覚で片づけを教えてあげましょう。例えば、「ママがやるみたいにこの箱におもちゃ入れられるかな~?」と真似させたり、「どっちが早く入れられるかな?」と競争したり、歌を歌いながら一緒におもちゃをおもちゃ箱にしまったりすると赤ちゃんも楽しみながら片づけを覚えてくれます。

2. 飲み物をスパウトかストローで飲ませてみましょう。

3. まだ夜中の睡眠を練習中の場合、粘り強く続けましょう。

10カ月の赤ちゃんの発達

☆はいはいするようになる

☆フィンガーフードが自分で食べられるようになる

☆簡単な指示がわかるようになる

12カ月の生活リズム

1歳からの食事（だんだん大人に近づきます）

1歳のお誕生日おめでとうございます。

これまでこの生活スケジュールを実践していると、赤ちゃんは日中をご機嫌に過ごし、19時から明け方5時～5時半まで夜通し眠れるようになっているはずです。

この時期になると動ける範囲やできることがまた一段と増えてくるので、赤ちゃんと一緒に過ごすことがとても楽しくなる一方で、多くの赤ちゃんは「動きたくて仕方がない」という赤ちゃんになるでしょう。

時間割

5:00
6:00
朝ごはん
7:00
8:00
9:00 おやつ
お昼寝 9:00
10:00
11:00
12:00 昼ごはん （離乳食+ミルク）
13:00
午後のお昼寝 13:30
14:00
15:00 おやつ
16:00
17:00
夕ごはん （離乳食）+ミルク
お風呂 18:00
18:00
お休み前の授乳
19:00
就寝 18:30〜19:00
20:00

12カ月以降の食事

1. 1日に5回の少ない食事をしましょう――朝食、おやつ、昼食、おやつ、夕食。

赤ちゃんはすぐに動きたくなるので「ごはんはあんまりいらないなあ」となりますが、この5回の食事は続けてあげましょう。ただし、食事中に遊び始めたら、いったん食事をあげるのをやめるようにしてください。甘やかして「いつまでもごはんはもらえる」と覚えさせないことが大切です。もしも食事中なのに遊び始めてしまったら、いったんあげるのをやめて、15分くらいしたらまた（きちんと座らせて）食べさせてあげましょう。一番よくないのは遊び始めて席を立った赤ちゃんを追いかけてごはんを食べさせることです。

2. メインは炭水化物にしましょう（エネルギー食品だからです）。

3. フィンガーフードをたくさんあげましょう（だんだんベビーフードは卒業）。

赤ちゃんがもういらないようであれば、ベビーフードは卒業してもいいかもしれません。朝食も少しずつ大人と同じもの（味付けは薄めで）にしていきます。

4. 大人の食事の時間に、赤ちゃんにテーブルマナーを教えましょう。

5. 昼間にコップを使って飲み物を飲む練習を始めましょう。

6. 牛乳をあげるのは18カ月～24カ月からにしましょう（豆乳はOK）。

7. 高繊維食品はあげないでください。赤ちゃんのごはんはまだやわらかいものにしますが、赤ちゃんが自分で食べるようにリードしてあげましょう。

12カ月の赤ちゃんの発達

☆つかまり立ちをしたり、大人の手を借りずに歩くようになる

☆親指と人さし指でものを掴むことができるようになる

☆2、3語の語彙で何かを話すようになる

15カ月の生活リズム

お昼寝が1日1回に

この時期の赤ちゃんの一番大きな変化は「お昼寝が変わること」です。生まれてから8カ月までは1日で計3～4回（各授乳と授乳の間）、8カ月からこれまでは1日で計2回のお昼寝をしていましたが、今月からは1日1回のお昼寝になります。そしてこれからはだんだんお昼寝が必要なくなってくるでしょう。

15カ月以降のお昼寝

★11時～13時の間に1度、30分から1時間半のお昼寝をします。

★お昼寝の後で昼ごはんをとるようにしましょう。

★お友達と遊んでいるとお昼寝の時間になっても起きていられることがありますが、少し寝るのが遅くなって、例えばそれが12時頃になっても、昼ごはんはお昼寝の後にしてください。お腹がいっぱいになった後でお昼寝してしまうと寝すぎてしまいやすくなるためです。

時間割

5:00	
6:00	
	朝ごはん
7:00	
8:00	
9:00	おやつ
10:00	
11:00	お昼寝 11:00～13:00
12:00	
	昼ごはん（お米+肉か魚+野菜）
13:00	
14:00	
15:00	おやつ
16:00	
17:00	
	夕ごはん（お肉+野菜+お米）
18:00	お風呂 18:00
	お休み前の授乳
	就寝 18:30～19:00
19:00	
20:00	

ちょっとしたしつけのヒント

まだまだ小さな赤ちゃんに見えますが、赤ちゃんは大人が思っている以上の早さでいろいろなことを理解し、学んでいます。そろそろ〝しつけ〟についても教えていきましょう。

この時期から始めることで、赤ちゃんが良い習慣を初めに「そういうものだ」と覚えることになりますので、悪い癖がついてからそれを直すよりずっとスムーズに進めることができます。

1. 「だめ！（NO!）」の意味を理解します。

—リミットラインを設けましょう。

ここまではOK、これ以上はだめという基準を大人がきちんと持ちましょう。

—誰の責任か？ を意識して赤ちゃんと接しましょう。

―ただし、「だめ！」の使いすぎには注意してください。ただ「だめ！」と言うのではなく、別のことをして赤ちゃんの注意をそらしてあげましょう。

2. ルーティンから離れず生活リズムを整えましょう。

3. 赤ちゃんの機嫌が悪くなる状況は避けましょう。

例）赤ちゃんの眠い時間に買い物に出かける　など

4. 矛盾のない行動をしましょう。

―両親が常に同じ振る舞いをしてください。ママはだめと言うけれどパパは大丈夫ということのないように。また、祖父母に関しても同じことです。周りにも協力してもらい、赤ちゃんに対しては大人が一貫した対応をするよう心がけましょう。

5. 食事は「楽しく」が、まず一番と考えましょう。

―何でも食べることが望ましいですが、好き嫌いがある場合でも、この時期に最優先すべきは「食事は楽しくするということを知ってもらう」ことです。まず食事の楽しさを知ってもらい、そこから徐々に進めていきましょう。

この時期の赤ちゃんにしてほしいこと

この月齢の赤ちゃんには「学校ごっこ」という1日10分程度のテーマ遊びをお薦めしています。週ごとにテーマを決めて、それを毎日決まった時間に10～15分行います。学校のように「決まった時間に、決まったことをする」ということを学びます。

感覚を養う：触覚、視覚、聴覚、味覚、嗅覚の五感を刺激しましょう。

1. 小麦粉と水を混ぜたもので遊ぶ、指でペイントする、大きなクレヨンで絵を描くなど。
2. スポンジ、砂、紙、食べ物などを触ったり見たりする。
3. 週ごとに色を決め、1週間同じ色のいろいろなものを紹介する。
4. 積み木、洗濯バサミをバケツに出し入れして形を知る。
5. 歌を歌ったり、鉢やコップを叩いて音を学ぶ。

6. 小さな机や台を使って、昇り降りや、下に出たり入ったりする。

7. フォトアルバム、絵本、ゲームを使って、絵探しやマッチング（例えば家族写真を見て「○○ちゃんのママは？」と指差しさせたりする）をする。

8. いろいろな味を試食したり、いろいろな匂いを嗅《か》いでみる。

15カ月の赤ちゃんの発達

☆手伝ってもらいながら階段を上がれるようになる

☆椅子にのぼり、向きをかえて座れるようになる

☆両手でマグカップを持ち上げ上手に飲めるようになる

☆大人の手を借りずに歩くようになる

☆名前を呼ばれるとそちらに顔を向けるようになる

☆スプーンを持つことができるようになる

☆指で掴むのが上手になる

第4章

途中からこの育児法をスタートする場合のコツ

「まだ間に合う？」と思ったあなたへ

いつから始めてもＯＫ。ただし、結果は焦らないで！

この生活スケジュールは、基本的にはいつからでも始めることができます。

生まれてすぐの時期から始めた赤ちゃんにとっては、一番初めに覚える習慣がこの生活スケジュールとなりますから、赤ちゃんが元来持っている欲求に沿った形で組まれているこの生活リズムに無理なく馴染《なじ》んでいくことができます。

それと比較すると、月齢が進めば進むほど、別のリズムがすでに赤ちゃんの習慣となっていますので、変更する場合にはすんなり移行できる赤ちゃんもいれば、変化に敏感でしばらくの間抵抗を感じる赤ちゃんもいるでしょう。

そういう意味では、途中からこの生活スケジュールを実践してみよう！　と考えているママは始める前に自分の気持ちを整理する必要があるかもしれません。

すぐに結果を求めないようにしてほしいのです。すぐに効果が表れる赤ちゃんと少し時間がかかる赤ちゃんがいるということを忘れないでください。

ただ、この生活スケジュールは、「本来赤ちゃんが本能的に持っている自然な欲求に沿ったもの」ですから、ちょっとずつでも効果は表れます。ですから、ママには自分の直感を信じて、ぜひ「一貫した態度で」臨んでほしいと思います。

大人の態度がブレると、不安になります

途中から始める場合に鍵となるのは、この両親の「一貫した態度」です。ママだけでもいけません。パパも、周りにいる大人の誰もが同じ態度で臨むことがとても大切です。寝かしつけは「しつけ」ですから、教える側の態度がブレてしまっては、教わる赤ちゃんが不安になるのも仕方ありませんよね。

「このやり方で落ち着いてくれるだろうか？」「夜中に目を覚まさずに過ごせるのかな？」そういう不安には赤ちゃんは敏感に反応します。

いつでも「大丈夫だよ～。ママ（パパ）はいつでも近くにいるから安心してね。○○ちゃんは一人で寝られるからね」と実際に声に出してあげてください。そうすることで、赤ちゃんだけでなくママ自身の気持ちも一緒に落ち着いてくると思います。

それから赤ちゃんの月齢が何カ月であっても、まずは第3章から始まる生活スケジュールをひと通り読んでから始めてください。

この生活スケジュールは各月齢ごとに、その時々の赤ちゃんの欲求に合わせて細かく変えてあります。たとえば生後2カ月では昼間の授乳サイクルが2・5時間に対して、3カ月になると3時間になり、離乳食が始まるとまた変わる、というように。ですから途中から始める場合にも、赤ちゃんの月齢の部分だけを読んで実践するのではなく、まずは**全体の流れを理解してから、実際の月齢とは多少の前後があったとしても「ご自分の赤ちゃんに合った箇所から」スタート**するようにしてください。

そして、お昼寝が長すぎないか？　夕方の過ごし方に「しなくてもいいことをしている時間」、つまり「削れる時間」はないか？　について確認することから始めてみましょう。そうして昼間の過ごし方を整えていくことが、夜の寝かしつけをスムーズに進めることにつながる近道になります。

夜寝を練習中の時期のお昼寝について

生まれてすぐからこのスケジュールを実践している赤ちゃんは、比較的スムーズに夜通し眠ることができるようになると思います。
途中から（赤ちゃんの生活リズムがある程度できてから）このスケジュールへ移行中の場合、まだ夜中に何回か起きちゃうな〜というくらいの時期、そういうタイミングでも、日中のリズムは崩さないようにしてください。

本来寝ていてほしい夜中に起きてしまったために、確かに赤ちゃんは翌日の日中、眠そうにしているかもしれません。でも、それでいいんです。そこで「今日は疲れているんだね、ゆっくり寝かせてあげよう」と思ってしまってはいけません。昼夜逆転生活が始まってしまうからです。ここでも、その癖を作るのは、実はママなのです。

昼間に疲れていても、お昼寝によって必要な睡眠は取れますし、それで足りないようなら「あ〜、だから夜にしっかり寝なくちゃいけないんだな」と赤ちゃんは学びます。そう、赤ちゃんは大人が思っているよりずっとずっと賢いのです！

日中のリズムは普段通りに、そして夜はしっかり眠る。これが大事なポイントです。崩れかけの生活リズムは、だいたい日中の過ごし方を誤ってどんどんドツボにはまってしまいますのでご注意くださいね。お昼寝が長すぎる場合にはきちんと起こしてあげましょう（起こし方は第3章をご参照ください）。夜中に起きてしまう、泣いてしまうことはママも赤ちゃんも大変ですが、必ずよくなりますから、まずは3日〜1週間、がんばってみてください。

第5章

よくある心配事、起こりやすいことについてお答えします

いろいろなご家庭への小さなヒント

睡眠アイテムを決めましょう

昼でも夜でも、眠るときにはいつでもこれ！　逆に言うと、これを渡されたら「あ、もう寝る時間なんだな」とわかる〝睡眠アイテム〟を作ると良いです。それは、ママに抱かれて眠るとか、ママではなくても誰かに抱かれて眠るとかいうものではなく、いつ、どこで、誰が寝かすことになっても変わらないものにしましょう。

お薦めしているのはおしゃぶりとタグのついたミニタオルです。

もちろん、別のもの（ママの使っていたハンカチ、お気に入りのぬいぐるみなど）でも大丈夫です。つまり、それがあれば1人で寝られるというもの。はじめはママにも一緒にいてもらうけれど、眠るときは1人で。眠りにつくその瞬間には人ではない何かと一緒のほうが良い、ということです。

「おしゃぶり」についてはいつの時代も賛否両論です。「指しゃぶり」は24時間いつでもどこでも赤ちゃんの傍《そば》にあることになるので、あまりお薦めはしていません。

さて、「おしゃぶり」に抵抗がある方の多くは、「それってちゃんとやめられるの？」と思っているのではないでしょうか。先に結論を言ってしまうと、大丈夫です、おしゃぶりはやめられます。ただし、これにはちょっとしたコツがいるのです。

大事なのは、〝寝る時だけ〟。この約束が重要になります。大きくなってきたら、2歳くらいにもなれば、こちらがきちんと話せばわかります。

はじめはおしゃぶりをお昼寝にも夜寝にも使います。外出時のお昼寝にも持って行って、やっぱり使います。でも、きちんと〝1人で眠る〟習慣がついてくれば実際にはおしゃぶりはそれほど必要なくなってくるのです。むしろ、タオルやぬいぐるみなどその他のアイテムの方を持っている子が多いかもしれません。そうなってきたら、「おしゃぶりの場所はベッドだよ」と教えてあげましょう。それ以外の場所には置きませんし、もう持ち出しもしません。そうしていくうちにやめることができます。

息子の話をすると、息子は自分から3歳の10月にやめると決めて（誕生月でもないのでどうして息子がその時期に決めたのかは未だに謎です）、本当に10月1日以降は使わなくなりました。

3歳まで使っていたというのは長いと感じられる方もいらっしゃるかと思いますが、家のベッドでだけで、お昼寝や別の場所で寝るときには使ったことがないので、その辺りも彼なりに理解していたのだと思います。

誰かに見られるわけでもなく、息子の精神的にその方が健全で、さらに健康的な生活が送れるのであればという考え方でそうなりました。わが家は本人に決めさせたためにこの時期になりましたが、各家庭の話の進め方次第ではもっと早い時期に本人も納得の上でやめることも可能だと思います。息子はそれだけの期間おしゃぶりのお世話になっていましたが、むしろ歯並びはいいくらいですから、歯並びに対する懸念もそれほど心配いらないのではないかと思っています。これは私の考えで、おしゃぶりを使えと言っているわけではないので、ご家庭の考えに合ったものを睡眠アイテムとして使ってもらいたいと思います。

人ではない何かと一緒に眠るということを教えてあげると、場所が変わっても赤ちゃんはいつでも1人で眠ることができますよ。

ただし、おっぱい以外で！

この生活スケジュールを実践していると、生後3カ月～4カ月の間に夜中の授乳は必要なくなります。母乳育児をしていても、です。

私自身、はじめは「本当にそんなことができるの!?」と疑問がありましたが、実際にスケジュールに沿って昼間の生活リズムを整えていくと、夜中の授乳が少しずつ減っていきました。生まれてすぐは3回あった夜中の授乳が、生後1～2カ月に2回に、生後2～3カ月には1回、生後3～4カ月になる頃には19時半から明け方5時まで夜通し眠るようになってくれました。そしてこれは私の子どもだけではなく、現地ではみんながそうなっていたのです。

● 睡眠アイテムをおっぱいにしない。

・添い乳は楽に感じるかもしれないけれど、睡眠アイテムになってしまわないようにだけ気をつけてください。授乳を添い乳ですること自体は問題ないのですが、そのまま睡眠アイテムになると、その後が大変になるかもしれません。

・昼間の生活リズムを整えると夜中の授乳そのものが必要なくなるので、母乳でもミルクでもどちらでも結果としては夜中の授乳をなくすことができます。私の娘がちょうど生後3カ月の頃には、お風呂上がりの寝る前に母乳をあげたら明け方までしっかり眠ってくれました。

共働きで19時就寝が難しい場合

この本を読まれている方の中にはワーママと呼ばれる働くママさんもいらっしゃると思います。

この生活スケジュールでは赤ちゃんが19時（もしくは19時半）には寝るようにとお薦めしていますが、中にはどうしても帰り（保育園のお迎え）が19時過ぎになってしまうという方もいらっしゃるでしょう。そういう方は、当たり前ですが19時半に寝かすのは難しいですね。ですが、「だから私にはこのやり方は無理なんだ」とは思わないでいただきたいのです。

できるだけ帰宅後は「お風呂→明るい部屋へは行かずに明るさを落とした寝室へ→少しのナイトストーリーや会話で睡眠への誘導→睡眠」といった入眠の「流れ」を一貫して大事にしましょう。

昼間に触れ合えない分、帰宅してからたっぷりとスキンシップをとりたいと思う気持ちはわかりますが、それは何も夜にしなくてもいいのです。毎日の安定したリズムができれば、その流れで、やや遅めではあるもののぐっすり眠ったお子さんは朝からパワー全開で起きてくるはずです。その時間、お子さんが起きている時間に質の良いコミュニケーションをとってあげてください。

そしてもちろん、早くお仕事を終えることができて帰宅を早めることができた日にはぜひ19時半にはお子さんが眠れるような環境を作って頂ければと思います。

赤ちゃんを誰かに預けるときのポイント

この生活スケジュールを実践することの良いことはいろいろありますが、誰かに預けるとき、**預かる側もとても助かる**ということがあります。

ママだって大人ですから、たまには息抜きが必要なこともあれば、用事があったり仕事があったり、はたまた必要に迫られた行事ができたりするかもしれません。もっと言うと、たまには夫婦で出かけたいな～というときだって、あるかもしれません。いや、考えないようにしているだけで、もしそういう時間が気楽に作れたら、それはとても素敵なことですよね。そんな時には、誰かに赤ちゃんを預ける必要があります。

- 17時半にミルクをあげる（もしくは離乳食）。
- 18時にお風呂に入れて、18時半にミルクをあげる。

19時に寝かせる、睡眠アイテムはこれとこれ。

こんな感じのメモさえあれば大丈夫です。

預かる側としても、19時か19時半以降の時間には赤ちゃんは寝ていますから、とにかくそのお家にいさえすればいいのです。本を読んでもいいし、テレビを観てもいいし、自分の時間を過ごしていればいい。お互いが子持ちの場合には、交互に子どもを預かることもできます。子どもがもう少し大きくなってミルクではなく普通の食事ができる年になったら、時間が来れば自分からベッドに行くのでもっと楽になります。

私の友人も、彼女は独身で子どもはいませんが、一緒にごはんを食べて少し遊べばあとは自分で寝てくれるので「予定が合えばまたいつでもベビーシッターするよ」と言ってくれます。

生活リズムが安定している「早寝、一人寝」というのは、子どもの健康にいいだけでなく、ママにとっても嬉しいものなので、一度試してみる価値はあると思います。

旅行のときも、なるべくいつも通りに

子連れ旅行は何かと大変なイメージがつきやすいです。実家への帰省も同じことが言えますすね。まず、荷物が多くなる。初めての場所や慣れない家に赤ちゃんが戸惑うかな〜と心配になるし、その場合、やっぱり一番負担がかかるのは自分（ママ）だからです。

でも、南アフリカでは、実は生後1、2カ月の頃が一番旅行に向いていると言われるんですよ。確かに荷物は少し増えますが、その頃というのはミルクさえあげていればほとんど寝ていることが多いですよね？　アクティビティなどは当然赤ちゃんに合わせたものになりますが、起きている時間にいつもと違う世界が視界に飛び込んでくることになるので、赤ちゃんにとってもいい刺激になるという考えなのです。

ただし、**旅行のときも生活リズムは極力いつも通り**にしましょう。

例えば、移動時間がなるべくお昼寝の時間になるようにする、赤ちゃんのごはんの時間もいつも通りにあげる（大人は後にずれてもいいけれど）、そんな風に。

旅行中の夕食はテイクアウトやルームサービスを利用して部屋で食事をして、代わりにランチを豪華に楽しむことが増えるかもしれません。もしもホテル内のレストランでゆっくり食事したいなと思ったときには、通常それは赤ちゃんにとっては遅い時間になるので、その日だけはベビーカーで寝てもらいます（おくるみでカーテンを作るのを忘れないでください）。そのまま食事に行って、部屋に戻ってからベッドに戻してあげましょう。生活リズムが崩れていなければ、赤ちゃんは睡眠アイテムと一緒にしっかり寝てくれるでしょう（もしも途中で起きてしまったら少し揺らしてあげてください）。

また、すでに生活リズムが整っている時期であれば、赤ちゃんは睡眠アイテムと一緒にぐっすり眠ってくれるので、条件が合えばホテルのベビーシッターサービスを利用して近くのレストランで大人だけで食事することもできます。そしてこのとき、いつもの「睡眠アイテム」と「寝るときの部屋は暗くする」というルールが大活躍してくれるのです。場所が変わっても、赤ちゃんは「いつも通り」を感じることができるのです。

でも、決して無理はしないでください。あくまでも〝できる範囲で〟ということを忘れないでください。いつもの生活リズムを守ることにあまりにこだわりすぎると、せっかく「休むため」「リフレッシュするため」の旅行がひどく疲れたものになってしまいます。旅行や帰省中だから仕方がないのではなく、赤ちゃんの生活リズムを極力いつも通りにコントロールすることで、家族みんなの旅行を心から楽しみましょう。

きょうだいがいる場合に起こりやすいこと

上の子の寝かしつけ

例えばまだ1歳未満の赤ちゃんに生活スケジュールを実践するときに、2歳や3歳の、もしくはもっと年上のお兄ちゃんお姉ちゃんがいるとします。そういう時、上の子の寝かしつけはどうすればいいの？　と思うかもしれません。

答えから言ってしまうと、「同じ時間でスケジュールを実践すればOK」です。

残念ながら日本は世界でも有数の子ども夜更かし大国です。ですから、もしも今、上のお子さんの寝る時間が赤ちゃんの寝る時間（19時半）よりも遅い場合には、安心して早めてあげてください。いや、むしろ積極的に早めましょう。そうして睡眠時間は長くなりお子さんには早寝早起き習慣ができ、ママはゆっくり夜の自由時間を楽し

むことができるのです。

きょうだい同士で遊んでしまう

では、こういう場合はどうでしょうか。上の子にはまだこの習慣ができておらず、部屋の電気を消して無理やり寝かそうとしますがそうこうしているうちにママの方が先に寝てしまい、そのままきょうだいで深夜まで遊んでしまうというような場合です。

まずは上の子と対話しましょう。親がきちんと説明すればもうわかります。夜は寝る時間で遊ぶ時間ではないこと、どうして夜に寝なくてはいけないのかということを、本人が理解できるように説明してあげましょう。そして、もう一度ルールを確認し合うのです。大事なことは、「押しつけ」ではなくて「(本人も納得した)約束=ルール」になっていることです。

まずはルールを共有することです。

そしてそのルールが守られないとき、例えば夜19時半に寝るというルールなのにまったく寝るそぶりを見せない場合、これは対話が必要です。

まず子どもに「ママ(パパ)との約束はなんだった? 今は起きていていい時間だったっけ?」と聞いて、本人に答えさせます。

そして「どういう子になりたいの?」と聞きます。次に、「なりたい子になるためには、今どうすればいいと思う?」と聞き、本人にどうすればいいのか正しい行動を選ばせるのです。今、ルールを破っている状態にあるけれど、なりたい子になるためにはルールを破っていいのか? 確認するのです。

それが難しければ選択肢を作って選ばせましょう。「なりたい子になるためには、ルールを破っていつまでも夜遅くまで遊んでいてもいいいんだったっけ?」というように。

　小さな子どもがそんな会話なんてできるわけがないと思いますか？　実際、３歳の息子にもこの会話は効きました。またレッスンを受けてくださった方も、このやり方で接してからはお子さんがおとなしく寝室へ向かうようになり、早い時間から寝られるようになったそうです。親が思っている以上に子どもは大人をよく見て、きちんと理解しているのです。

ママじゃなきゃダメ！いつでもママと遊びたい子には

赤ちゃんが起きている間には、もう目一杯これでもか～！　というくらいにかわいがったり一緒に遊んだりしてあげましょう。たとえ、お仕事や他の何かで赤ちゃんが起きている時間にあまりコミュニケーションが取れなかったなと思う場合にも、寝かしつけでそれをする必要はありません。お子さんが起きている時間帯で、一緒にいられる間にできるだけ同じ時間を過ごす、これが大事なことだと思うのです。

でもそうすると、今度は起きている間はずっと一緒に遊ばなければ子どもが満足してくれないようになってしまったということ、ありませんか？

「私がいないと、この子ダメなんだよね」とか、「家に帰ってからもずーっと一緒に遊ばないといけないから、家事がなかなか進まなくって」という声もときどき耳にします。もちろん、これがいけないことだとは言いませんが、ママがそれをストレスに感じてしまっているのだとしたら…？
そんな時にもしかしたら効果があるかもしれない言葉がこれです。

「○○ちゃん（子どもの名前）のこと大好きだし、一緒に遊んだりもするけれど、ママはお友達じゃないからね？」

ママはお友達とは違うんだよ～、だから、ママのお仕事をしなくちゃいけないときは一緒に遊べないし、少し待ってもらわないといけないかもしれない、そんなことを少しずつ説明していくのです。

日本に帰国して以来、友人から「なるほどー」と言われることが何度かありました。現地ではそれが当然のようにされていたので、私自身あまり抵抗なく言っていて気づきませんでしたが、そう言えば、ことある毎《ごと》にこうしてきちんと言葉にして子どもに説明していたように思います。これだって立派な「理由」になるんですね。時間ができたら（用事が終わったら）また一緒に過ごしてあげれば大丈夫です。ただ単に「今は遊べないから」と突き放すのではなくて、きちんと説明すれば、子どもはいくら小さくても理解してくれるはず。

「ママはなんでも我慢して全部こなす」が難しいときには、無理をしないで子どもにもほんの少しだけ、協力してもらっちゃいましょう。

親子同室でも一人寝は教えられます

親子別室は難しい〜！　という方は

小さい頃から赤ちゃんには「自分専用の寝る場所」を与えて、そこが「眠るための場所＝安心できる場所」だと教えてあげることが一人寝への近道だとお伝えしていますが、「そんなこと言っても日本の住宅環境では母子別室は難しいよ！」とお感じになっている方も少なくないのではと思います。大丈夫です、そういう場合にもこの育児法は実践できます。そこは折衷《せっちゅう》案といきましょう。

親の寝室と同室でもＯＫです。でも、**できるだけ寝具は別**にしてください。添い寝ではなく、別のベッド、もしくは布団です（ただし、布団の場合は、寝返りが始まると赤ちゃんによってはどんどん転がって布団からはみ出してしまい、そのせいで起きてしまうということがあるかもしれませんので、クッションや枕を布団の周りに置くなどの対応をしてくださいね）。

そして大事なのは「部屋を真っ暗にすること」。目安はおもちゃも全然見えないくらいの暗さです。特に夜は、必ず暗くしてあげることで、昼間に起きて夜に眠るということを赤ちゃんに意識させてあげます。大人が後から寝室に入るときにも、最低限の明るさ（豆電球やベッドサイドのテーブルランプなど）で入るようにしましょう。

そして、もしも親子同室になる場合には、できるだけ赤ちゃんが眠る場所の周りには〝必要最低限のものしかない状態〟にしましょう。赤ちゃんが「ここは眠るための場所なんだ」と覚える場所ですから、楽しそうに見えるものや興味を持ってしまいそうなもの、眠ることに集中できそうにないものが赤ちゃんの目に入らないようにしてあげてください。

「暗いところでは私の方がよく見えない！」というママ（パパ）もいるかもしれませんが、そのためにも部屋の中はシンプルに。仮によく見えなくても、赤ちゃんをベッドにそっと置いた後でドアを閉めるなどすれば、大人は慣れれば上手に部屋の中を歩けると思いますので、そこは赤ちゃんに合わせて、ぜひがんばってもらいたいと思います。

赤ちゃんがもう少し大きくなって歩けたり、もっと成長して話せるようになったときにも、はじめは「眠れない～」と言っていた子どもでも真っ暗な部屋の中ならすぐに眠れてしまうから不思議なものです。

ベッドがいいか布団がいいか問題

子どもに一人寝を教えるにはベビーベッドがいいか布団がいいかというのは、みなさん気になるところでしょう。

これはどちらでもできるのですが、どちらがいいかと聞かれたらベビーベッドをお薦めしています。なぜなら、**ベッドはいつでも決まった位置に置かれているから**です。

もちろん布団でも大丈夫なのですが、毎日畳んで押し入れにしまったりそこからまた出したりしていると子どもにとって〝いつでもここにある自分の場所〟と認識するのに少し時間がかかるかもしれません。

ですから布団を使用する場合には、少なくとも寝かしつけが定着するまでは、ベッドと同じようにいつも部屋の決まった位置に敷いておくようにしましょう。

また寝返りをするようになった赤ちゃんは布団からはみ出してしまうこともあるかもしれませんので、布団の周りにクッションやベビーガードの代わりになるものを置いてあげるといいでしょう。

反対に、ベッドの場合でも、机や家具と一体になっている通常よりも高い位置のベッドは子どもが落ちる可能性があるので使用しないでください。

まずは〝自分の場所〟を教えてあげましょう

赤ちゃんは、大人が思っているよりもずっとずっと早いスピードでいろいろなことを吸収し、学習していきます。寝るときのタイミングやその寝方も同じで、赤ちゃんはすばやく関連づけて記憶していきます。

生後間もなくは、昼も夜もなく1時間とか2時間で起きたり寝たりミルクを飲んだりを繰り返す中で、気づいたら勝手に眠っていた～なんてことも珍しくないですよね。それが、1～2週間を過ぎると、だんだん「抱っこしてよー」というような要求が始まる子も出てきます。それもひとつの成長なので、「わぁ～かわいい～」と嬉しい反面、抱っこしないと眠れなくなってしまう、その第一歩のような気もしてドキドキもしてしまいます。

そうなんです、こういう何気ない（と思える）日常の場面からも赤ちゃんはどんどん学んでいます。「あ～こうして抱っこしてもらうのが私の寝る前の儀式なんだわ」と覚えていくのです。

寝る前に抱っこしてもいいんです。でも、ウトウトしてきたら〝赤ちゃんの場所〟にそっと置いてあげてください。

もっといいのは、眠る時間になったら一度、「さぁ、今からお昼寝だよ～」「夜はここでぐっすり眠るんだよ～」などの声かけをしながら、まずはやさしく寝かせてあげましょう。まぁ、これだけでは眠らない可能性も十分あるので（眠るのが得意な子ははじめからスムーズにいくかもしれません）、ここでは「絶対に寝かせるぞ！」と意気込むよりは、意識づけの意味でやるといいですね。

まず一度、時間になったら声かけをしてやさしく寝かせます。それで寝なかったときには少し様子を見てから、その後で、抱っこしてあげる。そしてウトウトしてきたら、再びそっと置いてあげましょう。もちろん、そう毎日毎回教科書のようにうまくいくことばかりではないので、うまくいかない日には、もう割り切って最後まで（完全に寝るまで）抱っこしてあげてもいいと思います。ただ、少しずつでも〝あなたの場所はここなのよ〟と教えてあげるだけでも全然違います！

一見、親の満足のためにこんなことをしているんだろうか⁉　と思うかもしれませんが、実はこの方が赤ちゃん自身もぐっすり深い眠りにつけるのです。たとえ夜中に起きてしまっても、ただ大人が寝かしつけにきてくれるのを泣いて待つよりも、自分でもう一度眠りにつける方が赤ちゃんだってきっと楽なはずです。お昼寝も夜の寝かしつけも、お家にいるときにはぜひ〝赤ちゃんの自分の場所〟を教えてあげましょう。

電気の明るさ、就寝前の遊び…寝かせる前の睡眠環境の作り方

おやすみ前の儀式にする

スムーズな寝かしつけは「入眠の儀式をどれだけ習慣化できるか」ということと深く関係があるようです。

大事なポイントは3つで、①決まったことを、②決まった時間に、③毎日必ずすることです。一度ルールを決めたら、原則、例外は認めないことです。日によってルールを変えたり気分で変えたりするのもやめましょう。ママも、パパも、おじいちゃんおばあちゃんも、常に同じ態度で子どもと接することが大切になります。

そして一番大事なことは、「子どもに決めさせる」ということです。いま書いたことはどれが一番大事かと言うことはないくらいどれも重要ですが、子ども自身が納得

しているかどうかは本当に重要です。

ここでは、「お風呂の後は明かりを暗くした部屋へ行きそこで眠りにつく」ということを一連の動きとして行うことをお薦めしていますが、寝室に入った後も同じです。

例えば、わが家の場合は、今日あったことを静かなトーンで少し話をしながら日本昔ばなしのCDをかけています。CD自体はいくつかの話が収録されているので全部で60分以上あるのですが、初めの1話分は私も同じ部屋で聴く約束です。とは言え、添い寝はしません。私は息子の足元の位置に座っているだけです。このときに、「ママ～」といつまでもおしゃべりを続けて眠る様子がなければ、「ママがいて寝られないようならママはお部屋から出ていくね。この部屋の中でなら起きていてもいいからね～」と声をかけます。もし眠れなくても自分の部屋の中でなら起きていてもいいという約束もあるからです（詳細は次にあります）。そうして、今は遊ぶ時間ではなくて寝る時間なのだということを再確認するようにしています。

これはひとつの例ですが、他にも、静かなトーンで会話をする、簡単なマッサージをする、絵本を読み聞かせる（明かりは暗めで）、静かな音楽を流すなど、何でもいいと思います。

この「儀式」を持っている子は、そうでない子と比べたときに結果として「早寝」の傾向にあるとわかっているそうです。実際、息子も「昔ばなし1話分は一緒に聴く」とは言っていますが、いつも5分もしないうちに寝てしまっています。暗い部屋で寝かしつけても遊んでしまったりして、なかなか眠らない子にも、ただ眠くなるのを待つのではなくて、このように「儀式」にしてしまってそれを習慣化するようにしてみてください。

「寝るのがもったいない」「寝ると遊べないから損する気分になる」、もしくは「寝るのが怖い」と思っているお子さんを無理に寝かせるのはさすがに難しいので、こういう儀式をうまく使いながら、「早く寝たら元気になってまた明日も楽しく遊べる」ということを言ったり想像してもらったりしながら、眠ることはいいこと、楽しいことだと思ってもらうことがポイントになってくるのではないかなと思います。

寝る時間になっても眠れないときには

お友達とお出かけして目一杯遊んだ日や家族で日帰り旅行をした日など、いつもと少し違った日常を楽しんだ日には、こんなことが起こりがちではないでしょうか。

- 疲れて帰りの車で寝てしまう（そして夜に元気に…）。
- 疲れているはずなのに、そこからなぜか別の遊びが始まりワールドに突入。
- 疲れすぎてぐずりだし、大泣きコース。

本当ならしっかりたっぷり外遊びをした日には、早い時間からぐっすり寝てもらいたい！　というのが親の本音ですよね。

まずは日ごろの生活リズムが整っていること、それができていればこういう日にはいつも以上に簡単に、すばやく寝てくれます。４歳になる息子は、お友達と公園でたっぷり遊んだ日には文字通り５秒で寝ます（笑）。ただ、いつもの生活リズムが整っていないと、こういうときの寝かしつけもなかなかスムーズにはいかないかもしれません。

疲れすぎてぐずりだすと大変なので、ここはママがお子さんをよく見て疲れのボーダーラインを越えないように時間を調整してあげましょう。盛り上がって遊んでいると難しいですが、お子さんのことを一番よくわかっているのもまたママなので、ここはがんばりどころです。疲れて帰りの車で寝てしまい、寝るはずの時間になってもまだまだ元気というときや、別の遊びが始まってワールドに突入してしまったとき、そういうときでもまずは、「時間がきたら寝室へいく習慣を守る」ようにするとうまくいく可能性がかなり高くなります。

寝る時間になっても眠れないときには、こういうルールにしておくのです。

「眠れないなら寝なくてもいいよ。その代わり、必ずこの部屋の中にいること」

　この部屋というのは寝室なので、時間がくれば真っ暗にしています。暗さの目安は〝おもちゃが見えないくらい〟です。その中で寝る準備をしながら待っているならば、眠れない時間をそのまま起きて過ごしていても大丈夫という約束です。でも実際には、そこは子どものこと、真っ暗な部屋にしばらくじっとしていれば寝てしまうんですね。

（※ただし、ここでは暗い部屋の中でお子さんが遊び始めても決して一緒に遊んではいけません。1人で遊んでいてもそのうちに誰も一緒に遊んでくれないとわかれば「今は遊ぶ時間じゃないんだな」と理解して遊びをやめるはずです）

「眠れない～。もうちょっと起きていたい～」と粘るお子さんには、「起きていてもいいから寝室には行こうね」ということをまずは習慣にしてあげて、なるべくなら「いいから寝なさい！」とだけは言わないでくださいね。お子さんが自分から寝室に行こうと思えるように、上手にリードしてあげたいものですね。

あとがきに
代えて

私がこの本を書きたいと思ったいきさつ

海外で出産することに迷いはなかったのかとよく聞かれますが、不思議とそれほど迷いはありませんでした。自宅から数歩のところに海があり天気の良い日には窓からイルカが見えるような、そんな風光明媚な土地で陽気な人々に囲まれて子育てするのも悪くないなと思ったからです。

それに、現地の人達が普通に子育てしているのだから大丈夫だろうという私の楽観的な性格も手伝ったのだと思います。

南アフリカでの子育てに強く興味を持ったのは、子どもができる前、友人の家や街で見かける子ども達の印象が日本のそれとはずいぶん違っていたことも大きな理由の一つです。「みんなとてもいい子」というと大雑把すぎるけれど、本当にそういう印象でした。もちろん、日本の子どもが悪い子という意味ではありません。ただ、日本では「まだ小さいから仕方がないよね」と片づけられているようなことが、ここではそうではなかったのです。

例えば、金曜の夜に友人宅に集まってみんなでバーベキューをした時のことです。

友人には6歳になる双子の子ども達がいましたが、19時を過ぎたあたりで友人が言いました。

「そろそろ時間だからみんなに挨拶《あいさつ》しなさい」

子どもはそれに従い、みんなにおやすみの挨拶をして自室へ向かいました。それ以降、絶対に大人の空間に登場することはありませんでした。私がトイレに行った時に彼らの部屋を覗《のぞ》いてみたら（ドアは開けてあったので）、彼らはまだ寝ているわけではなかったのです。まだ起きていたけれど、暗い部屋の中でじっと過ごして寝る準備をしていたのです！

なぜならそれが約束であり、ルールだから。

日本ではあまり見かけない光景ではないでしょうか。みんなが集まる席では子どもも興奮していつもより長く起きているとか、大人と同じ場に残りたがるとか、そういうものを想像していた私はこの聞き分けの良さにただただ驚きました。

これは1つの例ですが、同じようなことが私の周りでは当たり前に何度も起こったのです。

この秘密は何だろう？

漠然とですが、ずっと不思議に思っていました。実際に南アフリカで子育てをしてみてその秘密がわかったような気がします。子どもがまだ小さい赤ちゃんの頃から、彼らの能力をかなり信頼していて「1人の人間」として一貫した態度を取っているのです。

「赤ちゃんだから、まだ小さいからわからないだろう」ではなく、「赤ちゃんだからこそ、きちんと説明して教えてあげる、そうすれば必ず理解できる」という姿勢です。

大人同士が会話をしているところに子どもが話しかけてきても「今は別の人と話しているから待っていてね？」と言って子どもを待たせるし、反対に例えば私が子どもと話している時には誰もその邪魔をしません。

一方で、「19時を過ぎたら子どもは寝る時間、それ以降に起きていていいのは大人だけ」というように生活スケジュールの面では大人と子どもの線引きはかなりはっきりしています。そういう中で、子どもは大人に憧れに似た感覚を持ち「早く大人になりたい」と考えるようになるのです。

「はじめに」でも書きましたが、私自身、この育児法のおかげで、精神的にかなりゆとりを持って、子育てのスタートが切れたと感じています。帰国後、「日本にもこんな育児法を知りたいというママはいるんじゃないかな?」という思いから、個人ベースでのスリープレッスンを始めました。多くのママと接するうちに、次第にそれは「ぜひこの育児法を日本のみなさんにもご紹介したい!」という強い気持ちになっていきました。私が感じたように、(今はまだ知らないだけで)きっとこういう選択肢を待っている方もいるはずだと思ったのです。

今までの育児法と違っているので不安な気持ちもあるかと思いますが、「いまの状況をなんとかしたい」というママたちに応えたいという気持ちが、この本を書こうと思ったきっかけです。

はじめは気軽な気持ちで南アフリカでの出産、育児を決めた私ですが、いざやってみるとカルチャーショックの連続でした。

まず、子育てしている現地女性がみんなとてもイキイキしていて驚きました。彼女たちは何ひとつ諦めていなかったのです。

何を諦めていなかったのか？

全部です！　1つ役割が増えたママという自分、妻という自分、ひとりの女性という自分、どれも諦めることなくエンジョイしているんです！　南アフリカ人女性に日本の子育て一般論を話すと、たいてい同じ答えが返ってきます。

「自分の時間がなく、好きなことができないなんて！　せっかく生きているのに！」

例えば「日本ではママが（時には我慢してでも）やることが多いかな～」と言うと、「じゃあ、あなたの人生はどうなるの？」と切り返されます。「全部ママがやるなんて、そんなのフェアじゃない」と言うのです。

周りの人たちは、子どもがいても夫婦2人の時間を持つべきだと言いました。年に1回は子どもたちを置いて2人で旅行するべきだ！　とか、最低でも月に1回は2人でディナーに出かけるべきだ！　とか……。その間、信頼しているメイドやベビーシッター、もしくは親が子どもたちを見ていてくれる、そういう文化が根づいているからできることなのでしょうね。

私たち夫婦はさすがにこれをすべて実現することはできませんでしたが、それでも彼らの後押しのおかげで、子どもを預けて夫婦でラグビー観戦や２０１０年に行われたサッカーＷ杯観戦に出かけたり、夜のオーケストラの演奏会を楽しんだりすることができました。

いつでも陽気で明るい彼女たちのように、あっけらかんと物事を捉えることができたら、気持ちが軽くなるんだろうなと思いました。

もちろん、子どもが生まれるということは、物理的に１人、それも相当手のかかる家族が増えるので、大変になることもあります。それまで当たり前にしていた「カフェでお茶」のようなことが、産後はビッグイベントになりますからね！　でも、結婚しているからとか、子どもがいるからとかで諦めるのではなく、その中で楽しんでできるやり方を工夫していくことはいくらでもできるのです。

そうした日本とは全然違う南アフリカ流の子育てを経験したおかげで、日本の繊細できめ細やかな良いところを生かしつつ、南アフリカの良いところはどんどん取り入れて、少しでも楽しい育児にしていきたいな、そう思うようになりました。私にはそれがとても合っていたようで、彼女たちに混ざって楽しい育児生活を送ることができました。大丈夫です、日本人の私にもできたことなので、必ずみなさんにもできるはずです。ぜひそのお手伝いをさせていただけたらなと思っています。

日本と南アフリカのいいとこ取り、ぜひ一緒にしちゃいましょう！　そのような想いも込めて、本書を書きました。

本文にも書いたように、私自身、いま日本で2人目の子どもを出産し育児中なのですが、息子のときの反省を生かして、今度はこの育児法を〝はじめから完全な形で〟試すチャンスだと思い実践しています。息子のときには、常識として母乳育児の赤ちゃんは夜中に授乳するものだと思い込んでいたため、夜中の授乳をしばらく続けていました（途中、ミッドワイフにかなり厳しく警告され改めたのですが）。息子にひと晩中寝る癖がついたのは、日本の感覚からすれば早い方だと思っていましたが、現地ではむしろ遅い方だったのです。

そして娘は、3カ月になる頃に夜7時から朝5時まで夜通し寝るようになりました！　娘がスーパーキッズなわけでも、私がスーパー主婦なわけでもありません。ただ子どものことをよーく見て、教わった通りにしただけなのです。

南アフリカから帰国後、この方法をひとりでも多くの方にお知らせしたく、寝かしつけアドバイザーとして子育て中のママに安眠レッスンを指導しています。そしてレッスンを受けた方から「子どもが変わった！」という声や、「育児のストレスが減った」「夜がくるのが楽しみになった！」という感想をいただくたびに嬉しくなります。

子どもはかわいいし楽しいけれど、ときどき不安になったり思い通りにいかなかったり……いっぱいありますよね。でも、それを相談したりシェアしたりする場がないのが現状ではないでしょうか。

疑問やとまどい、不安……いろいろをみんな一生懸命乗り越えようとしている、そしてお互いの疑問や悩みを聞いたり話したり、情報交換をしたりしながら励ましあっていけたら、それだけでも女性はエネルギーチャージできるのではないかと思います。

せっかく「赤ちゃん」という共通の話題がたくさんあるのですから、ね。この本が、何かほんの少しでも前向きな気持ちになるきっかけになればいいな、と思っています。

そして、ただ読むだけではなく、3日間だけでもいいので実践してみてくださいね。きっと何かが変わると思います。メールでもブログでもいいので、ぜひそれを私にも教えてください。

私も子育て真っ最中のママの一人です。物理的には距離があるかもしれませんが、いつでも応援しています。一緒に楽しみながら、がんばりましょう！

最後になりましたが、この本を手にとってくださったみなさん、書籍化にあたってご協力いただいた青春出版社編集長の手島智子さん、企画のたまご屋さんの石徹白未亜さん、いつも私のやりたいことをやりたいようにさせてくれ陰ながら応援してくれる夫・清水淳也と2人の子どもたち、そして私にこの素晴らしい育児法を教えてくれたミッドワイフのDoreenに心からの感謝を申し上げます。

清水　瑠衣子

著者紹介

清水瑠衣子　名古屋大学卒業後、トヨタ自動車株式会社へ入社しバイヤー業務に従事。結婚＆海外赴任を機に退職して南アフリカにて出産、育児を経験。そこで学んだ“ひと晩中ぐっすり眠る赤ちゃんの生活リズムの作り方”に衝撃を受ける。
１人で寝つき、いつでも機嫌がいい赤ちゃんとの生活や、夜の自分時間がママの育児ストレスを少なくすることを伝えたく、帰国後、“寝かしつけアドバイザー”として安眠レッスンを始める。
本書は南アフリカの育児法をベースにした方法を、日本でも取り入れやすいように著者自身の体験も踏まえてまとめた。
日本語教師免許取得。２児の母。
メール:momsandbabesjp@gmail.com
ブログ:http://ameblo.jp/momsandbabesjp/

赤《あか》ちゃんもママもぐっすり眠《ねむ》れる
魔法《まほう》の時間割《じかんわり》

2015年２月10日　第１刷
2025年２月15日　第５刷

著　　者　清《し》水《みず》瑠《る》衣《い》子《こ》
発 行 者　小澤源太郎

責任編集　株式会社 プライム涌光
電話　編集部　03(3203)2850

発 行 所　株式会社 青春出版社
東京都新宿区若松町12番１号　〒162-0056
振替番号　00190-7-98602
電話　営業部　03(3207)1916

印　刷　共同印刷　　製　本　大口製本

万一、落丁、乱丁がありました節は、お取りかえします。
ISBN978-4-413-03940-6 C0077